善知識 105

Work
How to Find Joy
and Meaning in Each Hour of the Day

一行禪師談正念工作的奇蹟

在工作裡找到成功+快樂的模式

一行禪師／著

張仕娟／譯

目錄

1

正念生活與工作

生活方式與謀生方法是我們活出喜悅幸福的要素，我們的大半生都差不多花在工作上，可是我們是如何度過工作時間呢？工作是我們整個生命的呈現，既是展現我們最深願景的美妙途徑，也是我們內在滋養、平和、喜悅、轉化和治療的來源。反之，工作的性質及工作方式也可能帶來許多痛苦。我們以何爲生，以及我們是否帶著正念工作，決定了我們能創造多少平和與喜悅。若能時時帶著覺察，及做每一件事時都修習正念的話，我們就能在工作中培養瞭解與慈悲，實現與人和睦相處的理想。

我們生活在不易找到工作的年代，然而，要知道幸福不只取決於擁有一項收入的來源，也取決於是否能有一份帶來喜悅和幸福的工作，且不會對人類、動物、植物、地球造成傷害。最理想的是能找到一份爲地球、眾生帶來利益的工作。

不論做甚麼工作，都有很多方面可以朝著助人且創造一個幸福快樂的工作環境而努力，讓你感覺到喜悅和諧，不帶緊張和壓力地工作。修習正念呼吸、靜坐、飲食和步行，有助於形成一個正面和無壓力的工作環境。

學習停下來、釋放緊張、愛語和用心聆聽的藝術，並與人分享這些修習，讓自己享受工作，也爲公司文化帶來重大的影響。如果我們懂得在工作上處理強烈的情緒，建立良好的關係，就能改善溝通、減少壓力，工作也變得更加愉悅。

你會能爲自己，也爲同事、所愛的人、家庭以及整個社會帶來莫大的益處。

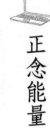

正念能量

正念，指的是全然覺知當下所發生的事情。我們把心帶回身體，回到當下這個家。首先從覺知我們的呼吸開始：吸氣、呼氣。正念是一種幫助我們全然活在當下的能量，每個人都能生起正念。吸氣呼氣的時侯，專注於空氣進出身體，這就叫正念呼吸；喝水或喝茶時全心全意地飲用，不思考其他事情，這就叫正念喝茶；步行時，全然覺察自己的身體、呼吸、雙腳、步伐，這就叫正念步行。

將注意力帶到呼吸之上，便能統合身心，全然到達當下。如此一來，我們更加能夠覺察當下所發生的一切，以清新的眼光來看待事物，不被過去所束縛，也不擔憂未來。我們知道，未來只是一個概念，未來只是由一事所組成，那就是當下。照顧好當下，便無須擔憂未來。照顧好當下，就是確保能有美好未來最好的方法。就在此時此地，我們要活出平和、喜悅，讓愛與瞭解成爲可能，這就是我們爲未來所能做的事。

每件日常平凡之事，都可以轉化成正念的行動：刷牙、洗碗、走路、吃飯、喝水或工作，都可以帶著正念來進行。當然正念並非只針對正面的事：喜悅時就正念地感受喜悅，憤怒時也正念地看待憤怒。無論哪種強烈情緒生起時，如果能學會以正念處理情緒，承認我們有情緒，不壓抑也不反應，此時轉化便會發生，我們因而獲得更大的喜悅、平和與覺察。

你可能覺得自己沒有時間修習正念，工作排得滿滿的，太忙碌以致沒有空餘時間修習正念；你也許認爲只有當自己有時間才可以修習，以爲只有在放假或在戶外享受大自然的時候才可以修習。其實我們能夠隨時隨修習正念，無論在家裡、公司，甚至在繁忙的工作時間都可以修習正念，無須特別騰出一段時間修習，只需做幾次正念呼吸，便能產生正念能量，把自己帶回當下。

我們可以整天都修習正念，並能即時從中獲得益處。不論是坐巴士、開車、洗澡、準備早餐時都可以享受當下所做的事情。

我們不能說：「我沒時間修習！」不是這樣的，我們有很多時間修習！知道這一點非常重要。當你修習正念而生起平和與喜悅的時侯，你便變成了平和的工具，將平和與喜悅帶給自己和其他人。

當我們回到當下，放下對過去或未來的思慮，這就是「止」。停下來，我們才能爲自己和周遭的世界而在。停下來，我們開始看到；能夠看到，才能夠理解。如此修習，我們生起理解、慈悲、平和與幸福。要全然地爲工作、爲同事、朋友和家人而在，我們需要學習「止」的藝術。直到我們能夠停下來注意當下發生的事情，才能生起喜悅、覺察和慈悲。

我認識一位男士，他從一處走到另一處開會時，總是全神貫注地帶著正念走路。當他穿梭在丹佛市中心的辦公大樓，他總是專注地走路，覺知自己的吸氣和呼氣，路過的人都對他報以微笑，因爲他在匆忙的人群中顯得如此平靜。他說自從開始了這項修習之後，縱使在會議上遇到刁難的人，應付起來較爲容易也愉快得多了。

家與工作兩相連

如何準備上班，在上班途中及上班的態度，不但影響和你共事的人，也影響你的工作素質。生活中所做的每一件事都影響我們的工作。我是一個詩人，但也喜歡在菜園裡種菜。一日有位美國學者對我說：「別浪費時間種萵苣了，任何人都能種植萵苣，您應該多寫詩。」我卻不這樣想，我清楚知道，如果不種植萵苣，我就寫不出詩來，因爲兩者是相互關聯的。正念地吃早餐，正念地洗碗，正念地種萵苣，對我能寫好詩歌是非常重要的。一個人的洗碗方式，透露了詩作的素質，愈能在日常生活中持有覺察和正念，便愈能把工作做好。

生活與工作是不能分割的，若不能把正念帶到日常生活中，就不能全然專注當下所做的事，這將會在個人及專業上付出代價。想要理解在工作上我們遇到的事，我們得審視自己的家居生活和家庭。

正念修習幫助我們為家庭建立健康的免疫系統。當病毒侵入生物的身體，生物發覺後便會產生抗體來對抗入侵者。免疫系統具有保護作用，但若沒有足夠的抗體與病毒對抗，免疫系統就會迅速製造更多的抗體來對付入侵者，以延續生命。如此我們可以說，免疫系統反映了身體的正念覺察。相同的，我們愈有正念，便愈能保護及照顧自己。

家庭是個有生命的有機體，有能力保護和療癒自己。假如你的孩子正在受苦，覺得沒有得到足夠的關注或沒有被聆聽，他們就會嘗試以自己的方式去處理問題。孩子通常還不曉得如何處理自己的痛苦，可能會忽略痛苦或掩藏痛苦，以不健康的行爲來隱藏痛苦。未能化解的痛苦將會影響整個家庭。如果一個孩子不快樂，父母和兄弟姐妹也不會快樂。如果我們能正念關注孩子的痛苦，承認痛苦的存在並加以處理，就能幫助孩子解決問題，治癒其傷痛，也讓整個家庭能夠受益。

覺察我們在家庭生活中的苦惱，並尋找方法來止息痛苦，能夠幫助我們更加了解，更能處理工作上遇到的困境。特別是對從事高壓行業的人來說，我們需要知道怎樣處理自己的痛苦，才能了解別人。我們的工作環境，也像一個有生命的有機體，如果把家裡的壓力帶到工作中，這樣「壓力」可能會成爲傳染病。同樣地，如果把正念從家裡帶入工作，工作環境就會變成讓所有人都更健康快樂的地方。

我們可以問問自己：「是否懂得製造喜悅感受？是否懂得如何放鬆、享受午餐？是否懂得在拿起電話或開始一場難熬的會議前做正念呼吸？」這些問題非常實際也非常重要。早上更衣、刷牙、吃早餐的方式都非常重要。我們在日常生活的小事中修習正念，便會懂得如何享受日子，釋放工作的緊張與減輕壓力。正念修習能幫助我們在生活與工作上培養更多的覺察和喜悅。

2

一天的開始

早上醒來

早上醒來，第一件事便是覺察生命給予我們的禮物：二十四小時這份禮物。覺知我們醒來了，覺知自己在呼吸，覺知外面的陽光與天空，覺知我們活著，我們爲此感恩。我們可以跟自己說：

醒來時，我看見藍天
我合十感恩

感恩所擁有的一切，覺知「當下幸福」的條件是充裕的，這點非常重要，帶著這樣的覺知開始一天是一件很美好的事。

立定目標

早晨醒來，與其匆忙地準備出門上班，不如想想你希望怎樣度過這一天。花點時間釐清這一天有甚麼願望或打算。如此，不論發生甚麼事，你都能保持開放的態度，記得這是全新的一天，是一個新的開始，你可選擇以正念及慈悲活好這一天。

我們都需要深入觀察自己，辨識心中最深的渴望及願望。我們最深的願望是滋養的來源，給予我們生存下去的燃油和能量。如果我們最深的願望是爲世界帶來喜悅，幫助人減輕痛苦與轉化痛苦，爲別人的生命帶來喜悅，這樣有益健康的滋養將給我們很

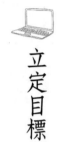

大的能量。但是，如果我們內心深處渴望報復、殺戮或毀滅，這便是一種毒素，給我們帶來許多痛苦，也爲別人帶來痛苦。

在早上，你可以用一首偈頌表達你的願望。偈頌是一首短詩，配合正念呼吸來唸誦，能加深你的覺知。下面這首偈頌，幫助你以正念穩固地度過這一天的願望。

今早醒來我微笑
我前面是全新的二十四小時
我願覺知地活著
用慈悲和愛的目光看著眾生

眼前有全新的二十四小時，生命來到我們的門前，我們以覺察和正念全然活好這二十四個小時。全新的一天，這是生命中何等重大又珍貴的禮物！我願以正念度過，絕不浪費也不糟蹋這一天。不論在家裡還是工作，我都會善用今天。無論我在何處，不論在做甚麼，我知道如何善用自己所有智慧與技能，從這一天獲得益處。

唸誦偈頌是幫助我們安住於當下，並深刻覺知自己每個動作的一種方法。當我們聚精會神地唸偈頌時，便能回歸自己，更能覺知自己的行爲。

禪宗的傳統裡，偈頌是重要的部分，它既是禪修也是詩歌。

2 一天的開始

當你記住了一首偈頌，它自然會在你做相關的事情時浮現出來。你可以將這些詩句列印出來，放在早上醒來或整天都能看見的地方，或寫在小紙條上隨身帶著，好讓你隨時能拿出來讀。早上喝茶時，你可如此唸誦：

平靜安坐，我微笑
新的一天開始
我願正念深刻地生活

更衣

更衣是另一個讓我們修習以正念邁進一天的機會，藉此改變我們平常忙碌工作的生活方式。通常，我們在更衣時並未留意自己正在做甚麼，我們進入一種自動導航的模式。記得我還是沙彌的時候，每次穿著僧袍時，都要唸誦下面這首偈頌，以能更加覺察自己的動作：

穿上僧袍
我心安然

活得自在
予世喜樂

你也能利用更衣的機會唸誦偈頌，想想自己的願望，以及你在這一天美善的目標。我將上述的偈頌改寫了一下，這樣，就不只穿僧袍用得著，在穿任何衣服時都可以用。

當我著衣時
感恩縫衣人
願眾生富足

喜樂滿世間

儘管你不是僧尼，不會穿僧袍，你也可以把自己的衣服當作菩薩的袍衣。菩薩，指的是覺醒或開悟者。菩薩是擁有幸福、平和、覺悟、理解和愛的覺者，任何擁有這些特質的人都可稱爲菩薩。我們可以善用早上更衣這例行公事，來提醒我們的願望：如菩薩般以平和、愛、感恩、理解、覺知與自由活好每一刻。

刷牙

你會花多少時間刷牙？至少一分鐘吧，或許兩分鐘？兩分鐘的刷牙時間，已能讓你感覺自在喜悅，不會因爲想著刷牙後要做甚麼而無法專注當下。刷牙時，就專注地刷牙。例如，你可以說：「我站在這裡刷牙，這裡有牙膏、牙刷，我很高興還有牙可以刷。我修習自在地生活，享受刷牙。」不要讓自己被過去困擾或憂心未來。不要急促。享受刷牙，這是使你自在的修習。當你感到自在，刷牙變成讓你非常享受的事。

刷牙時，你可以唸下面這首偈頌，提醒你今天願以愛語與人建立良好溝通。

刷牙和漱口
願説慈愛語
正語散芬芳
花開自心園

早餐

很多人早上匆匆忙忙，沒時間吃早餐，只能隨便拿點東西在上班途中吃，或在車上，或火車上，或到了工作地方後在辦公桌前吃。但是早餐並不只是爲你的身體提供食物，早餐時間是讓我們享受食物，獲得營養，培育感恩心與覺察力的機會。當你花時間在家準備早餐，這段時間也就成爲修習的時間。你如常地做你所做的，只是做的時候你有意識的呼吸，跟隨呼吸，覺知空氣進出身體。當你在廚房這樣修習時，廚房便成爲了禪堂。

以這樣的方式來吃早餐，即使清早只吃一口食物，便已感到自在。帶著正念、喜悅和自在咀嚼每一口食物。進食時，不要去想下一刻要做的事情，或是整天要處理的事，你的修習就只是在那裡吃早餐，早餐爲你而在，你也要爲你的早餐而在。這樣便能深刻觸及你當下眼前的事，眼前只有你的覺察，只有你依然活著的事實；眼前是你的早餐，是大地天空的禮物。或許，你的朋友或家人也坐在你身旁，與你一同享受早餐。

當我手拿著一片麵包，我歡喜地望著它，對它微笑，這片麵包是宇宙的使者，帶來滋養與支持。深刻觀察這片麵包，我看到陽光，雲彩及大地母親。沒有陽光、雨水和土地，小麥不能生長；沒有雲，就不會有雨水令小麥生長；沒有大地母親滋養萬物，根本不會有任何東西生長。因此，我手中的那片麵包是生命的奧秘，它爲我們而在，我們也要爲它而在，帶著感恩心進食。把麵包放進口中，你咀嚼的就只是麵包，不要吃進你的計劃、擔憂、恐懼或憤怒，這就是正念修習。正念咀嚼，知道自己正在咀嚼麵包，咀嚼生命的美妙滋養。這樣的修習能爲你帶來自在、喜悅。吃每一口早餐都要如此，別讓自己的心在進食時溜掉了。

我所住的地方——梅村禪修中心，位於法國西南部。我們進食前會花上片刻來沉思眼前的食物。就算只有短時間用餐，先花點時間沉思我們的食物，令進食更爲愉悅。下面就是我們修習的食時五觀，你可以放在餐桌上一起修習。

五項觀想

1.在面前的食物，是來自大地、天空及無量眾生的禮物，以及許多人辛勞和愛的成果。

2.願我們能覺醒地生活，以正念進食，常懷感恩，好讓我們值得受用這些食物。

3.願我們能覺察和轉化貪欲與不善的意念，學習適量進食。

4.願我們心懷慈悲進食以減輕眾生苦難，停止助長氣候變化，並保護及滋養珍貴的地球。

5.願我們受用這些食物，藉以培育同修間手足之情，建立僧團，及長養服務眾生的願力。

出門

早上出門上班，是一個很好的機會，讓你去覺察四周的世界。打開門，走進戶外清新的空氣中，你有機會接觸大地、空氣和天空。踏出門口的第一步已是自在的一步。你不需要到禪堂，打開門走進去才能進入禪修的世界。在地上行走的每一步，都能爲我們帶來幸福、平和與自在。

呼吸也是如此，如果知道怎樣修習正念呼吸，覺知吸氣和呼氣，那麼每一次呼吸都會爲我們帶來幸福。患哮喘或有呼吸困難的人，很能體會輕鬆流暢地呼吸是一份多麼珍貴的禮物。如果你能順暢地呼吸，那就細心品嚐呼吸吧，別浪費任何一刻。每一次呼吸都能帶來幸福，每一個步伐都能帶來自在，如此走路與呼吸時，我們不會感到被日常生活或工作所困。反而，我們感覺自在，對生命充滿感恩。

《本生經》是最早的佛教文獻之一，我們可以在經中讀到關於佛陀前生的故事。佛陀在故事中以不同形式示現，有時是鹿、或獅子、或石頭甚或芒果樹。每一次示現，不論是動物、植物或礦物，我們都能看到大慈大悲的菩薩。當我們走出家門，縱使地面鋪了混凝土，踩上地面的第一步，我們仍可感受到四周的大自然氣息。我們知道大自然也是一位菩薩。深刻觀察樹木，便能看到樹木將它的美呈現在我們眼前，看到它滋養並維持生命。樹葉有助淨化我們呼吸的空氣，並爲許多雀鳥提供安全的庇護空間。我們周圍有眾多菩薩，大地是一位菩薩，穩固地承載著我們，充滿耐心，沒有分別心。不論我們丟甚麼在地上，都毫無分別地予以擁抱、接納。不論是丟芬芳的鮮花、香油，還是便溺或其他穢物，無不一一吸納並將之轉化。大地擁有極大的耐心與容忍，爲所有生命提供滋養和支援，它提供用水，提供我們呼吸的空氣和享用的食物，是眞正的菩薩。每次出門上班，即使只是走去開車的這段路，我們都能利用這段時間留意周圍這位滋養、維持生命的大地菩薩。

到了工作的地方

也許你愉快、輕鬆、正念度過了一天的早上，可是，只要一出門上班，你就把這些全都忘了，特別是在交通尖峰期開車上班的時候。如果你是坐火車或巴士上班，你有美好的機會靜靜地坐著，覺察自己的吸氣和呼氣，你也可以閉上或垂下雙眼，以幫助你專注於呼吸。

如果你開車上班，上車後在插入車鑰匙前，可以花點時間想想自己的動機——讓自己在駕駛時保持平靜、放鬆、正念，而不是在壓力或匆忙中開車。

開動引擎前
知要到何處
車和我一如
車快我亦快

這個覺察能幫助你享受整個旅程。利用每一次紅燈或見到「停」這個路標的機會，修習正念呼吸，回到當下。你也許習慣視紅燈爲敵人，因爲它防礙你想準時上班的目標。事實上，紅燈是你的朋友，幫助你避免匆忙，把你帶回當下。

下次當你遇上交通壅塞時，不論在高速公路上或是在市中心，你無須反抗，就接受它吧，反抗也是枉然。往椅背上一靠，對自己微微笑，知道自己活著，了知當下是你唯一擁有的一刻。不要浪費當下，你知道此刻也可以是美好的時刻。

駕車上下班時，如果你不去想目的地或到達目的地後要辦甚麼事，你便能享受駕駛的每一刻。在我要講學的日子，我不會去擔心別人可能會問的問題，或擔心怎麼樣回答他們。反之，從房間走到講學的地方，我全然享受每一步及每個呼吸。每一步，每一刻，我深刻地活著。到達講堂時，我感到清新，並預備好回答任何可能被問及的問題。

如果在工作之前，你已在家裡及上班途中修習正念，抵達時你會跟以前很不一樣，你變得更快樂、更放鬆，還可能發現你對工作、同事有不同的看法，找到你意想不到的滿足和喜悅之泉源。

3

正念工作

我們習慣區分「工作時間」和「自由時間」，這樣的思維方式，降低了我們在工作中獲得喜悅和成功的可能性。我們可以這樣工作，覺知無論是做甚麼，或者怎樣去做，我們都有很多選擇。我們可以在工作中尋找讓自己感到喜悅的機會，不讓自己被困於慣性的壓力或緊張之中。修習正念，我們修習愉快地工作、打字、計劃、組織、開會、處理客戶、或做任何所謂「工作日」的其他活動。若能全心全意地做每一件事，自在和喜悅油然而生。

我們花這麼多時間工作，應該要確保自己能享受工作。以正確的態度工作，持有正念和覺察力，並以幫助眾生為目標，任何工作都可以成爲賞心樂事。不論你是在工廠、餐廳、辦公室工作，不論你是否從事助人專業，只要修習正念，我們便能享受工作，爲自己、他人帶來莫大的益處。

我們總是匆忙，總是急著完成手上的工作，這已成爲習慣。透過正念呼吸，你能發現這個習氣——正念能幫助你停下來，不被倉促的習慣捲走。如果懂得活在日常生活中的每一刻，我們就不會成爲壓力的受害者。吃早餐、洗碗、上班時，我們享受吃早餐、洗碗或上班。

只要處理得當，上班也能帶來幸福喜樂，工作沒有壓力，我們可以眞正地享受工作。在梅村，我們有很多事要做，整年要接待參訪者，以及在梅村與世界各地舉辦禪修營。我們和許多機構一樣，也想在工作上獲得成功，不同的是，我們學習如何工作，避免成爲壓力與緊張的受害者。我們享受園藝、清潔、烹飪及洗碗，把這些事當作和其他事一般重要，全心全意地做每一件事，讓每一刻都感到自在、喜悅、手足之情。

正念呼吸

正念呼吸，覺知自己的吸氣、呼氣，以及觀察呼吸進出身體，能帶來平和、和諧的感覺。當平和與和諧能量滲透身體時，我們從這種平和、和諧的能量中受益。不論躺著、坐著，還是站立，正念呼吸都能讓我們慢慢釋放身心的壓力、衝突和緊張。

我們都嚮往有時間坐下來，欣賞甚麼都不用做所帶來的靜止。問題是，如果眞有時間，我們眞的能坐下享受安靜嗎？很多人都有這個問題。我們抱怨沒有時間休息，享受不用做事的時刻，但這是因爲我們習慣了要做事，沒有能力讓自己休息，甚麼也不做。縱使在辦公室有片刻的安靜，都會用來講電話或上網。我們都是工作狂，總是需要做點甚麼事。

如果你有片刻能夠坐下，不論何處，你就停在那裡享受甚麼也不做，就只是享受你的吸氣和呼氣。當然，不是坐著才能修習正念呼吸，在工作室站著排隊等候影印，或等候跟同事談話，或外出午餐時等待茶或咖啡，任何地方你都可以修習正念呼吸，享受跟自己相處，也享受身邊的人跟你在一起。吸氣時，將所有的注意力放在自己的吸氣上，你就成爲吸氣。當你對自己的吸氣保持正念，並專注於此，你與吸氣成爲一體。別以爲這是一件困難或疲倦的事，呼吸可以是很愉快的。吸氣時，你感恩自己仍然活著的事實。呼吸是生命的精華，沒有呼吸，你就只不過是一具屍體。透過呼吸覺知你的生命力，能帶來巨大的喜悅。如果你已習慣這項修習，每當你呼吸，這種覺知便會出現。不用強迫呼吸，容許自己自然呼吸，不要跟你的吸氣搏鬥，只是順隨著——不論是長是短，是快是慢，是深是淺，單單覺察就是了。吸氣時，你可跟自己說：

吸氣，我覺知吸氣。
呼氣，我覺知呼氣。
吸氣，我覺知身體。

呼氣，我釋放身體的緊張。

不要干擾呼吸，只要覺察它，跟隨整個吸氣、呼氣的長度。在覺察吸入、呼出的當下，你自然就會停止思考。停止思考非常有幫助，專注呼吸能讓你停止爲過去的苦惱，或者對將來的不確定而憂心。如果常常被困於思考，你會很疲倦，無法眞正活在當下。不用去想你的計劃，思考不會解決你的問題。我們要修習不思考（non-thinking），這是成功的秘訣，不要以思維（thinking mind）來尋找答案。你要做的就是播種，讓種子在地下生長，種子成熟時答案自然會出現。如果懂得專注於當下，就算甚麼也不做，也是非常有生產力的。懂得這樣修習，就不會成爲焦憂、壓力或抑鬱的受害者。

全然專注於吸氣和呼氣，便能自然停下思緒。只須幾次的吸氣和呼氣，呼吸的品質素便能提升。不論你是躺著、坐著或行走，呼吸都會變得深一點、慢一點、和諧一點、平和一點。只須幾次的正念呼吸便能感覺自在、放鬆，釋放身心的緊張。

像這樣全然覺察呼吸，是一種正念的修習。讓我們深入看到當下的事物，接觸到生命的奇妙，如此我們便有足夠的力量與清晰的頭腦去處理工作上所遇到的困境。

呼吸空間

在辦公室能有一處特別的地方提醒你呼吸，對你非常有幫助。你或許喜歡在辦公室某處安排一個美麗、平靜又放鬆的空間，或者保持辦公桌一個角落清潔乾淨，擺放小鐘或花。看一看小鐘或花，就能提醒你正念呼吸。如果同事有興趣加入正念呼吸的修習，不妨找一個適合的地方，例如戶外一個環境優美的地方、休息室、甚至是你們的辦公室，創造一個平靜、美麗、放鬆的空間。在那裡，你們可以一起安坐，享受回歸呼吸。

正念鐘聲

你也許可以買一個日式小鐘，名叫迷你鐘，把它帶著一起工作，放在口袋裡或桌上。須要停下來呼吸的時候，可以用請鐘的小棒輕敲鐘邊，「喚醒」小鐘，然後慢慢呼吸一次，「邀請」小鐘發出全響，繼續平靜地呼吸，享受那美妙的音聲。鐘聲響起，提示我們回到自己，回到呼吸，深刻接觸當下的生命，這是正念鐘聲，這個聲音能立刻帶我們回到自己，透過呼吸整合身心。這樣的休息具有療癒作用，當工作氣氛不平靜或不愉快，你可以借助鐘聲回到自己，靜靜地正念呼吸幾分鐘，你會感到好多了，氣氛也會得到轉化。

梅村不少僧尼都在電腦上設定了「正念鐘聲」，每十五分鐘響起，提醒他們從工作中停下來，休息一會，回到身體這個家，享受呼吸。三次呼吸已足夠釋放身心的緊張，就在這幾分鐘，身體成爲心的唯一對象，你停止其它所有思緒，不再擔憂過去或未來，這樣的修習能使你獲得自在。只要幾次的呼吸，就能感到自在。

日常生活中任何東西都能成爲你的正念鐘聲，電話鈴聲、電子錶每小時或每半小時的響聲、時鐘的報時聲、教堂的鐘聲、升降機的樓層提示響聲、「停」路標、交通紅燈等等，這些都是機會，讓我們停止思考，回到呼吸，回到身體，享受當下片刻的平靜與放鬆。

安坐

許多人工作時大部分時間坐著，可是我們坐著這段時間品質如何？我們享受坐著嗎？每個小時，我們可以停下來幾分鐘，坐著就只是坐著，而不是坐著在工作。坐著時，享受坐著，享受呼吸，別無其他。無須要有太大改變，甚至沒有人會注意到我們在做甚麼。

當我還是沙彌時，我在越南海德寺修學，曾目睹一位老禪師獨自一人坐在一張傳統的矮木板凳上，而不是在禪堂裡。那時候我們寺裡沒有桌椅，只能坐在平的木板上。禪師坐得莊嚴挺直中正，這個畫面一直留在我腦海裡，他坐得如此端正、平和、自然，我看著他，明白在我心裡渴望能像他那樣坐著。我也希望能坐得毫不費力，沒甚麼目的。這樣坐著就能爲我帶來幸福，不需要做任何事，不需要說任何話，我只是坐著。

只為坐而坐

我們如何能像禪師般坐著呢？那樣坐有何目的？禪師沒有抱著任何目的而坐，他只爲坐而坐，只是享受坐著，就像你問小孩爲甚麼喜歡巧克力一樣，他們大部份只回答因爲喜歡吃巧克力，而不會給你理性的解釋。在戶外的美景裡站著也是如此，若有人問我爲何留在這裡，我如何回答呢？我這樣做通常沒有甚麼目的或理由。我站著只是爲了站著，我喜歡站在那個美麗的地方，沒有甚麼目的，與吃巧克力沒有甚麼目的一樣。不論站在某處或是吃巧克力，只是因爲我們喜歡。

所以下次當你坐著工作時，你可以小憩一會，就那樣坐著，讓自己坐得像佛陀一樣，挺直腰肢，但不僵硬，讓空氣自由進出身體，感受小腹隨著呼吸起伏。脊椎挺直時，你會覺得身體正中，可以放鬆全身。你不需成爲全職的佛陀，也不需完全覺悟，做兼職的佛陀已足夠了。你所需的只是當下的自在，不被過去或將來所擄走，也不被憤怒、擔憂或妒忌等苦惱所牽引。身心合一地坐著，你便成爲一個自在的人。

我們坐著感到愉快，坐的時候覺察自己的存在。我們活著，被美妙的世界包圍，這個美妙的世界包括內在的世界。如果能這樣坐著，我們能接觸到內在和周圍的生命奇蹟，我們已然擁有幸福。縱使白天在室內，我們仍知道頭頂天空中有很多的星星，有銀河系的星體，由千千萬萬的星星所組成。我們坐在一個非常漂亮的地球上，圍繞銀河系而轉動的地球。如果我們能坐下且清楚看見地球和宇宙的美妙，我們還需有其他目的嗎？當我們能坐著保持覺知，便能夠擁抱整個地球，擁抱過去和將來。當你這樣坐著，如果剛好有同事經過你的辦公室或辦公桌，他們看見甚麼？他們看見你平靜地坐著，身心平靜，臉上掛著一絲微笑。

正念步行

縱使大部份時間你必須坐著工作，總還是有很多機會走路，從停車場到辦公室，由辦公室到另一間辦公室或洗手間，都可練習正念步行。正念步行，連結呼吸和走路，把注意力帶到腳底，每一步都成爲滋養和療癒，每一步都帶來喜悅，你需要這種喜悅來繼續工作，從而把工作做好。沒有這種滋養，你如何能繼續？當你能掌握正念步行的藝術，能自在、覺察地走路時，便能更享受整天的工作。

我們每個人都傾向跑多於走，我們一生都在奔跑，我們甚至奔向將來，以爲在將來可以找到幸福。我們繼承了父母和祖先奔跑的習氣。一旦能承認那奔跑的習氣，我們便能以正念呼吸讓自己放慢腳步，對奔跑的習氣微笑說：「嗨！親愛的老朋友，我知道你在那裡。」你無須跟想要快步的慾望對抗。這個修習不需要對抗，只要承認和覺察正在發生的事。

如果你是醫護人員，如醫生、護士、治療師或社工，修習正念步行尤其有幫助，因爲你的工作涉及很多患病和受苦的人，正念走路能帶給你工作所需的力量和平和，幫助你接觸生命的美好，使你能夠培養內在的平和與喜悅。

我們不習慣給自己足夠的時間走路。參與會議時總是匆忙趕到，沒有時間在途中修習正念步行。假如要去機場，你總以爲有足夠時間，卻總是拖到最後一分鐘才離開家或離開辦公室，可是途中可能交通擠塞，你得行步匆匆，否則可能會遲到。不妨預留多一個小時時間去機場，登機前在機場享受正念步行的樂趣。

修習行禪

行禪有兩種，第一種是慢行。慢行對初學者特別有用。吸氣，走一步；呼氣，走另一步。完全專注於腳底與地面的接觸。

吸氣，左腳踏一步，可以告訴自己：「我已到了！」這不是一個宣言，而是一種修習，你必須眞正到達。你也許問：「到達哪兒？」到達此時此刻。依據這教導修習，生命只存在於當下，過去已逝，將來未至，只有這一刻你能眞正活著，那便是當下此刻。呼氣時，右腳踏一步，說：「我到家了。」我眞正的家園不是過去，也不是將來，我眞正的家園就是生命本身——這便是此時此刻。我到達我眞正的家園，在家裡我感到自在，不用再到處奔跑。

步伐把你帶回當下，接觸當下生命的美妙，與生命的當下相約。如果錯失當下，你便錯失了與生命的約會。正念走路是一個美妙的方法，訓練我們活在當下，即是眞正的活著。要是你迷失於過去，或被將來所拉走，那並非眞正活出生命。唯有深入接觸當下，你才能接觸眞正的生命，眞正活著。

吸氣時，說：「我已到了。」如果你眞的感到你已到了，請你微笑，向自己報以勝利的微笑。到達是非常重要的，因爲到達了，就不用再跑。你已停止奔跑了。大多數人甚至在睡覺時仍然繼續奔跑，永不止息。在夢中、在惡夢中，我們繼續奔跑，這就是我們爲甚麼必須訓練自己停下來。停下來可以幫助自己回到當下，接觸生命的美妙，帶來轉化和療癒，「我已到了，已到家了。」

這是第一種行禪，慢行可以在任何地方、任何時候進行。在辦公室裡，或從辦公室到辦公室之間，你可以嘗試行禪。上洗手間，外出午膳經過公園時，你也可以練習行禪。別以爲你需要成爲「佛教徒」，或者是要立刻理解關於正念的一切。任何人都可以修習正念步行。你只需要有意願，只要願意，你就可以到達當下。你會驚訝地發現，無論身在何地你都開始感到回到家，縱使在工作中也是。

第二種行禪，你走得快一點，但仍然保持覺知，覺知你的腳步與呼吸。保持大地與雙腳的接觸，覺知呼吸，覺知周圍的世界。

吸氣時，你也許可以走兩三步，每走一步就告訴自己：「我已到了，我已到了，我已到了。」呼氣時，你也可以走兩、三步，說：「我到家了，我到家了，我到家了。」吸氣，走兩、三步；呼氣，走三、四步。非常自然地走，別人或許看不出我在練習行禪。我享受每一步。如此走路，我們便能安住於正念能量之中，使我們平靜下來，並保護我們，讓我們感到安全，在這一刻感覺滿足。走路到巴士站、去開會、應約時，都可以這樣練習。你可以選擇一段路，像一條街道來練習慢行，或者是每天從停車場到辦公室，都可以修習行禪。

享受每一步，觸及生命的美妙，停止你所有的思緒。跟人在一起走路時，你也可以修習行禪，他們甚至不會注意到你在修習。

只要你有五或十分鐘，都可以享受這項修習。從一棟房子到另一棟房子，你可練習行禪，享受每一步。我總是享受行禪，我只有一種走路方式——那就是行禪，縱使只有一、兩英尺距離，我都會應用這種技巧，享受行禪。

工作時進食

進食是另一個修習正念的機會。我們常常在工作時吃零食，只是因爲想要有點事做。我們感到煩悶，於是想抓點甚麼放進嘴巴裡。也許我們感到工作上的壓力、焦慮或擔心，想以吃、喝、買東西來掩蓋這些不悅的感受。如果你有這樣的衝動，可以嘗試以靜坐、正念呼吸來平靜你的擔憂或不安。如果你眞要吃東西，想想你吃的東西是否能滋養你的身心。自古以來，亞洲很多地方並不區分食物和醫藥，我們所吃的應該有益身心，維持我們的均衡與健康。若我們能適當進食和呼吸，就能滋養血液、身體和心

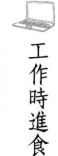

靈。但如果我們吃了不當的食物，或吃得過量，身心就會生病。我們應該小心選取並好好咀嚼食物。

就算你在工作時選擇了健康的點心，你仍可能以不健康的方式進食，譬如一隻手繼續工作，另一隻手拿著食物。多年前，一位美國青年吉姆請我教他正念修習。有一次，我們坐在一起，我請他吃橘子，他接過橘子，但仍然滔滔地談論他所參與的多項計劃——關於和平、社會公義等的工作。他邊吃，邊思考，邊說話，我在他身邊，看著他剝下橘皮，將橘子一瓣瓣放進口中，迅速地咀嚼吞嚥。

終於，我跟他說：「吉姆，停下來！」他望著我。我說：

「吃橘子啊！」他頓時明白，停止講話，開始放慢下來，正念地吃著橘子。他小心地把剩下的橘子慢慢剝開，聞聞它美好的芳香，然後一瓣一瓣地把橘子放進口中，感受舌頭周圍的橘子汁。用這種方式品嚐橘子花了幾分鐘的時間，但吉姆知道他有足夠的時間去享受吃橘子。吃過橘子後，他知道橘子變得眞實，吃橘子的人也變得眞實，生命亦在此刻變得眞實。吃橘子的目的是甚麼？只是爲了吃橘子啊！吃橘子的時候，吃橘子就是你生命中最重要的事。

下次你在工作的地方吃零食時，可以像吃橘子般，請把零食放在手上細心觀賞，使它變得眞實。你不須花太多時間，只要兩三秒鐘，看著你的點心，你便能看到美麗的樹木，看見花朵，看見陽光和雨水，然後長出了一個小小的果實。你能看見陽光、雨水的延續，小果子在你手中轉化成一顆橘子，它的顏色由青轉橙，看著它變甜。以這種方式去觀察橘子時，你會看見宇宙就在橘子內——陽光、雨水、雲彩、樹木、樹葉，每一樣東西。剝橘子，聞它，嚐它，你都能感到快樂！

廁所禪

工作時，不管有甚麼事要做，你總要上廁所。在美國叫廁所爲restroom（休息室），但你在那裡眞的感覺到休息嗎？以前在法國，廁所稱爲le cabinet d'aisance。Aisance的意思是自在，因爲它是一處讓你感到自在，感到舒服的地方。所以，你去廁所時，容許自己感到自在，享受在那裡的時間。要知道上廁所的重要性不亞於做其他事。讓廁所成爲你的禪堂，我就是這樣修習的，當我小便時，我讓自己全心全意小便，要是你自在，小便都可以很愉快。容許自己百分百投入小便，這能讓你自由，讓你感到喜悅。如果你曾患尿道炎，你就知道小便是多麼痛苦，但現在你沒有感染疾病，所以小便時十分愉悅、平靜。在小便的三十多秒當中讓自己自由吧。

接聽電話

你可以將每次講電話變成一種正念修習，每當電話響起，你都可以當作是正念鐘聲，提醒你停止做任何事，要回歸當下。不要急著接聽電話，先作三次的正念呼吸，確定自己全然爲對方而在。不論誰人來電，停止思考，回到當下，覺知自己可能有的壓力和煩惱。你可以將手放在電話筒上，然後一邊呼吸，讓你的同事知道你正準備接聽，只是不急著聽而已。這樣做，亦能幫助你的同事，不會感覺他們是電話的受害者。如果你想打電話，在撥號前，你也許喜歡唸下面這首偈頌：

聲音傳千里
建立信與愛
字字是珍寶
句句是花卉

釋放緊張

壓力和緊張會積聚在身體內，但慈悲和理解能幫助你釋放緊張，並爲自己和周圍的同事創造一個能夠更加喜悅、較無壓力的工作條件。如果你懂得怎樣釋放身體的緊張，如果你能放鬆，你便能夠幫助家人和同事也釋放緊張和放鬆。如果你自己也不懂得怎樣釋放緊張、壓力，你又怎能期望同事能夠釋放他們的緊張，照顧好他們的家人呢？如果他們的家庭狀況不好，他們又怎能愉快、有效率地工作呢？

因此，任何你爲自己和家庭所做的，都能幫助你的同事，而最後是照顧了整個工作環境。你可以修習深度放鬆，並與他人分享，以幫助他們釋放早已積存在身心的緊張，讓他們在工作上和家庭裡都體驗到更多的輕安和喜悅。

你每天都可以在工作中修習深度放鬆，釋放緊張，重拾清新感覺。你只需在工作約會之間，或午膳時用五或十分鐘來修習深度放鬆，給身體休息、治療和重整的機會。讓身體放鬆，有序地注意身體每一部分，把愛送到每一個細胞。我們可以引導注意力到身體的任何部分：頭部、頭皮、腦、眼、耳、顎、肺、心、肝、內臟、消化系統，以及身體任何需要治療和注意的部分，吸氣呼氣，擁抱身體各部位，給予愛和感謝。

透過分享修習深度放鬆，你能夠幫助自己和同事放鬆，變得更快樂。你可以安排一間靜室，一起修習深度放鬆。

深度放鬆

深度放鬆，是爲了修習放下。我們覺知身體的各部分、頭部、四肢、器官或個別的肌肉群，並有意識地放鬆它們，放鬆身體各部分，直到完全放鬆爲止。

如果你穿著緊身的衣服，可以先鬆開衣服。躺下來，讓頭、背、脊椎成一直線，手臂輕輕放在身體的兩旁，手心向上，兩腿伸直，雙腳自然朝外。你可以在頸部放置一個小枕頭以作支援，也可以在你的膝蓋下方放一個坐墊、一張毛毯或是枕頭，讓你的下背部伸直、脊椎放鬆。

放下你任何忙碌的思緒，容許身心完全休息十分鐘。這段時間只屬於你，覺察呼吸進出身體，留意小腹的起伏，不要控制呼吸，只需跟隨呼吸，呼吸自然就會變深變慢。

將注意力移到腳趾和雙腿，覺察每一根腳趾，感覺腳跟擱在地上，收緊腳趾和雙腿的肌肉，然後放鬆。把注意力放到小腿並收緊肌肉，然後放鬆。同樣地，收緊然後放鬆膝蓋、大腿和臀部。讓雙腿完全放鬆。留意它們如何開始感到越來越沉重，然後沉入地下。你可以慢慢將注意力上移至身體不同部位的肌肉群，重複收緊放鬆的過程，最後是頭部、下顎及眼睛部位。隨著注意力，將愛和感謝送到身體的每一部份，送到每一個器官，甚至每一個細胞。

或許你認爲必須等到辛勞一天工作後，回到家裡才能深度放鬆，但是深度放鬆是任何時候都能做的練習。釋放身體緊張，不需要等到特殊時候。如果你整天處於壓力中，等到晚上回家後才來放鬆，很可能會因爲身心太緊繃而未必能放鬆。

當你吸氣返回身體時，你可能覺察到身體非常繃緊，而使你不能放鬆、平和、快樂。你因此渴望做些事幫助身體減輕痛苦。隨著吸氣、呼氣，容許身體的緊張釋放出來、放下，這是深度放鬆練習。

如果只有幾分鐘時間，你可以唸誦下面的句子：

吸氣，我釋放身體的緊張。
呼氣，我微笑。

吸氣，我覺察眼睛。
呼氣，我對眼睛微笑。

你以正念能量去擁抱眼睛，並對眼睛微笑，這是對眼睛的正念修習，你接觸你擁有的其中一個幸福條件。雙眼視力良好是件美好的事，任何時候只需張開眼睛，便可看到天堂般的各種形態和顏色。

吸氣，我覺察心臟。
呼氣，我對心臟微笑。

你以正念能量擁抱心臟，並對心臟微笑。明白心臟仍能正常運作，因而心懷感恩。很多人都希望能有一顆正常運作的心臟，健康的心臟是美好健全生活的基本條件，是另一個幸福條件。當你以正念能量擁抱心臟時，它會感到溫暖和舒服，你忽略心臟很久了，你只想著其他事情，追逐那些你以爲會帶來眞正幸福的事，卻忘記了心臟。

你飲食、作息的方式，甚至給心臟帶來麻煩。你每次吸煙，都會令心臟受苦；每當喝酒，你便是不友善地對待心臟；長時間在壓力下工作，又沒有足夠休息，你便加添心臟緊張。可知道心臟多年來爲了你的福祉日日夜夜工作，你卻缺乏正念，待它不仁慈，你不懂得保護內在的幸福快樂。現在你可以爲心臟做點事，獻上你的愛、擁抱給心臟，感謝它爲你而在。

你可以繼續對你身體的其他部位做這項修習，譬如肝臟。以溫柔、愛和慈悲擁抱肝臟，以呼吸生起正念能量來擁抱肝臟。把正念能量導向你正以愛和溫柔擁抱的身體部位，這正是身體所需。如果身體某部位元不舒服，則更需要花多一些時間給予擁抱，並對它微笑。你未必有時間在每一次修習時注意到身體每一部位，但每天練習一兩次，至少可專注於身體某一部位，練習休息放鬆。

不論何種姿勢，躺臥、站立、坐著或走路，你都能時常釋放緊張。坐在巴士上，你可以練習呼吸，釋放內在的緊張；走路去開會時，可隨著每一步釋放緊張，走得像一個自由自在的人，享受每一步，再也不趕忙。帶著正念從巴士站或停車場走到辦公室時，每一步都能釋放壓力，帶著清新，輕鬆自在地返回辦公室。

工作中找到家

工作上有很多情況，我們需要與人合作，或團隊工作，或同在辦公室工作，或一同執行計劃，或共同去成就特定目標等等。然而，團隊中的每個人在工作中都帶著他們自己的困難和痛苦，如果你能作好準備，內心帶著平和、清新和喜樂去工作，你便能幫助同事，讓他們也能帶著平和、清新和喜樂。你應關心同事多於關心他們的工作或服務品質，因爲他們的工作品質絕大部分取決於他們內在的平和與幸福。因此，各位應像一位菩薩或團體中的菩薩般帶著願望去工作，以求幫助同事及整個工作部門轉化痛苦，帶來和諧、平和與安寧。在工作中創造快樂與和諧。

有時候，我們在工作環境中感到不安，不被接納，害怕受到拒絕。但當我們去到山上，與樹林還有動物共處，它們似乎能夠接納我們，我們來到一處感覺能被接納的地方，我們不害怕它們看著自己和判斷自己。但在工作上，我們害怕不被認同，害怕成爲自己。我們嘗試表現出自認別人能夠接納的樣子。這是很悲哀的。

花兒不會有這種恐懼，它與其他花朵同長在花園裡，也不嘗試要與它們相像，它接納自己本來的模樣。別嘗試要成爲其他人或其他東西，我們出生是怎樣就是怎樣，不用變成其他東西。我們需要學習接納自己的本來面目，整個宇宙聚在一起幫助我們這樣顯現，我們如此就很美了。變得美麗的意思是「成爲你自己」。

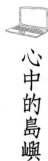

心中的島嶼

佛陀八十歲時，知道自己即將離世，便教他的學生修習「心中的島嶼」。佛說你內在有一個安全的島嶼，每當你感到害怕、動搖或絕望，都可以返回那裡。回到你內在的家「心中的島嶼」，皈依那島嶼，你會感到安全，這個「心中的島嶼」和我們只是呼吸之隔，修習正念呼吸或正念走路，便能立即回到內在的家——心中的島嶼。

遷到梅村之前，我住在離巴黎約一小時車程的地方。一天，我離開住處去散步，早上天色非常美麗，所以離開前，我打開所有的窗和門，但是到了下午四點左右，天氣忽然變化，狂風吹起，烏雲密佈，下起雨來。我知道我該回家了，於是我修習正念步行回到住處，回到家我發現小屋狀況很糟，屋內又黑又冷，凌亂不堪，不再是令人愉悅之地，我知道該如何處理。首先，我把所有門窗關上，然後點起爐火，並點燃煤油燈，繼而拾起散落在屋內的紙張。當一切事物歸回原位後，我坐在火爐邊取暖，小屋又變回一個舒適、愉悅的地方，在那裡，我感到安全而舒適。

這景象告訴我們，當我們在日常生活中感到失落、不開心時可以怎麼做。在失落、不開心的時候，我們總努力想做點事，但愈努力，感覺愈糟。我們會說：「今天眞是倒楣。」無論做甚麼都失敗。無論試著說點甚麼或做點甚麼來挽回情勢，卻毫不奏效。這時我們就該返回小屋，關上所有門窗，以正念呼吸把你帶回內心的家園，去覺知內在的感受。內心也許有憤怒、恐懼、焦慮、絕望等感受，不論何種感受，承認它，並給予溫柔的擁抱。

當母親聽到嬰孩哭泣的時候，她會放下手上的一切，即刻來到嬰孩處，第一件事就是把嬰孩抱起，溫柔地抱在臂彎裡。嬰孩有痛苦能量，母親則有溫柔的能量，這股能量開始流入嬰孩的身體。同樣的，你的恐懼就是你的嬰孩，你的憤怒是你的嬰孩，你的絕望是你的嬰孩，你的嬰孩需要你回家照顧它。返回你的小屋，立刻回到你的島嶼，去照顧你的嬰孩吧。

正念能量就是母親，擁有正念的能量，便能夠擁抱你的嬰孩。你有能力產生正念的能量，正念是一種覺察的能力，能覺知正在發生的事。你可以創造這股熱能用來生火，火和熱能轉化小屋的冰冷和痛苦。你的嬰孩是你，你不應壓抑強烈感受或負面情緒，你的恐懼、憤怒就是你，別跟它搏鬥，不要反抗恐懼、憤怒、絕望，只要有正念，你就能擁抱這些感受。如果你持續正念呼吸，正念能量就會生起，能擁抱和平靜你的痛苦感受，就像母親溫柔地擁抱、平復哭泣中的嬰孩。

處理工作上的強烈情緒

爲與他人維持良好關係，保持開放的溝通，不製造負面或壓迫的工作氣氛，懂得工作中處理強烈情緒是非常重要的。修習能幫助我們處理強烈情緒，但我們在平時，當我們強烈情緒生起前就要修習，那麼面對狀況時才會知道該怎麼做。

首先，要知道所有的情緒都是無常的——升起、停留，然後消失。當強烈情緒升起時，我們要停止所有的思想，不要用思想來火上加油，這點非常重要。立刻停止思考，返回呼吸，練習腹式深呼吸，這是第二個修習。立即把注意力從你認爲導致憤怒、挫敗的人、物或狀況拉回到你的身體，跟隨呼吸的出入，只隨順呼吸，不強迫改變呼吸。單純地把專注和覺察帶到呼吸上，呼吸自然就會變得較爲平靜、深長和順暢。別強迫呼吸變慢、變深，只要觀察呼吸，是怎樣便怎樣。

如果你能這樣將正念帶到呼吸上，不但能平靜呼吸，也能平靜身心。一個好的修行人應懂得用這種方式處理和協調呼吸及身心。

行禪與強烈情緒

行禪亦是處理工作上可能生起的憤怒、憤恨或挫敗等強烈情緒的好方法。若要修習安住於正念呼吸及正念步伐，你必須承認自己的情緒，而非驅趕或壓抑它們。減輕痛苦、從痛苦中解放是可能的。如果我們匆匆過生活，就會忽視痛苦，沒法眞正釋放痛苦。爲了走出困苦，我們必須先接受它，深入觀察它，瞭解它的眞正本質及根源。當我們開始觀察自己內心的痛苦，就能將我們的理解帶到工作環境，並善用理解來幫助自己，也幫助與我們一起工作的同事。如果工作中升起強烈情緒，像憤怒或挫敗，我們可以立刻停止手上的工作去照顧情緒。憤怒升起時，不要說任何話或做任何事，這點非常重要，立刻外出去修習行禪及正念呼吸，停止所有的思緒，將注意放到腳步及呼吸上，然後你就能看見情緒逐漸平靜下來。

如果你是一名經理或一位主管，你也許知道以憤怒和暴力強制規定員工，利用權威去控制或壓抑同僚，並不能帶來平和、快樂與和諧。同樣地，面對強烈情緒時，不管是自己或是他人的情緒，若你試圖忽略自己的感受，或者強迫自己改變思考或感受，你是不會成功的。行禪能提醒我們去接受自己的感受，與感受同在，而非將感受推開，假裝感受並不存在。

處理憤怒

假如你與某位同事關係不好，彼此遷怒，因爲你感覺受到輕視，或是因爲升職問題，或某事不被對方聆聽或認同等。你可能完全歸咎於對方，以爲只有你在受苦而對方根本沒有受苦，你也相信你不用對自己的痛苦負責，這是對方的錯。可是，你們雙方都要對這段不好的關係負責，一段關係是兩個人之間的事。就像我們所有人是相互連結的，若非你的言行，對方也不會對你產生誤解，雙方都應該對所造成的處境負責。

我們可以透過修習正念來轉化自己的思維。修習正念會讓你更能覺察自己。憤怒升起時，你知道你有憤怒，因此你修習正念呼吸，並說：「吸氣，我知道我內在有憤怒；呼氣，我會好好照顧我的憤怒。」如此修習，你就不會有所反應，你不會想要立刻去找讓你生氣的人說些甚麼或做些甚麼。憤怒時說的話、做的事只會帶來破壞，別說任何話，別作任何反應，只繼續修習正念呼吸和行禪，擁抱憤怒並承認它，會爲憤怒帶來釋放。過後，你可以深入觀察憤怒，問問自己爲何憤怒。

房間寒冷時，你打開暖氣機，讓暖氣徐徐送出。暖氣不跟冷氣對抗，而是擁抱冷氣，五至十分鐘後，冷氣逐漸變暖。正念和正定能量同樣擁抱痛苦和憤怒的能量。

也許我們內在有很強的憤怒種子，只要聽到或看到一些不如意的事，內在的憤怒種子就被灌溉，變得很生氣。我們是自己痛苦的主因，並非別人，別人只是痛苦的次因。如果我們知道這個道理，就會減少憤怒。如果我們深入觀察我們的憤怒，便能夠發現憤怒是由誤解、錯誤認知以及錯誤見解造成。一旦瞭解，我們的憤怒就能被轉化，也能生起瞭解。

重建工作上的良好溝通

我們每個人都需要向自己和工作團隊承諾：從今開始，每當憤怒出現時，我們不做任何事或說任何話，直到完全平靜下來爲止。我們也許可以用「和平約章」來提醒自己這項承諾。我們需要深入觀察自己以瞭解憤怒的根源，若不能轉化憤怒，我們便需要去找那個令自己憤怒的人，請對方幫忙，以矯正我們的錯誤觀點。但在這之前，我們必須先嘗試處理好自己的憤怒，但是不要耽擱過久，而讓憤怒變得根深柢固。一般而言，最好能在二十四小時內做出溝通的請求，因爲把憤怒積存於內而不解決是不健康的。

讓對方知道你的憤怒，你因憤怒而受苦，你不明白對方爲何這樣說、這樣做，請求對方協助和解釋。如果你因太憤怒而不能直接告訴對方，可用文字寫下交給對方。

下面的三句話可能對你非常有幫助。

第一句話：「親愛的同事或朋友：我在受苦，我感到憤怒，我希望你能知道。」因爲你們的生命是相互連結的，所以你有責任告訴彼此自己的感受。

第二句話你或許可以寫：「我正在盡力。」意思是說，我在修習正念呼吸，避免因憤怒而說些甚麼、或做些甚麼。取而代之，我深入觀察自己，嘗試修習正思維和正語。第二句話能引發對方的尊重，因而也嘗試修習正思維和正語。

第三句話：「請幫助我。」你可以詳細解釋說：「我不能單獨處理憤怒，我已經在修習，但如今事過差不多二十四小時，我依舊無法釋懷，我已不能獨自作轉化，請你幫助我。」

求助是件美好的事。我們通常在受傷後傾向說：「我不需要你，我不需要你的幫忙，我可以自己一個人度過難關！」而你只會愈加憤怒。但你若能這樣寫下：「請幫助我！」你的憤怒將會立刻減退。與其嘗試自己處理，倒不如反過來說：「我需要你，我正在受苦，請你幫助我。」

要想工作愉快，就要記著這三句話。也許你可以把它們寫在一張小紙條，放在錢包裡，視之爲正念之鐘。每當憤怒生起，你做出任何反應前，在說話、做任何事之前，拿出你的錢包，閱讀這三句話。

修習和平條約

和平條約能幫助我們平靜下來，平息同事間的相處問題。我們可以經常閱讀和平條約以提醒自己，當我們惱怒別人，或者別人惱怒自己時，我們該怎麼做。

最重要是要記著：憤怒時不要說或做任何事，立刻返回呼吸，跟隨呼吸，我們就能平靜下來。我們可以告訴對方是甚麼令我們憤怒，但首先必須深入觀察自己，瞭解憤怒的真正原因，其實是我們內在根深柢固的憤怒種子。對方只是造成憤怒的次要因素。

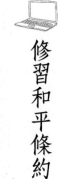

若是我們覺得自己傷害了他人，或令別人憤怒，我們就要立刻道歉。因爲我們知道自身的快樂有賴對方的快樂；同時，對方的痛苦也會成爲我們自身的痛苦。有了這樣的覺知，我們應儘快與他人重建溝通及重修關係。

下面是引自梅村的和平約章，這個約章原本是設計來幫助夫妻解決衝突、改善溝通和維繫良好關係，也許你可以與同事討論這個稍作改編的版本，然後將它放在人人都能常見之處，以提醒大家當我們與同事在工作時出現困難時該怎麼做，讓人人都有更多的瞭解，並接納自己在衝突中應負的責任。

和平約章

爲了大家能快樂地一起工作和加深彼此的瞭解，我們＿＿＿＿（這個團隊／辦公室／部門／公司等……）的同事，承諾觀察並修習以下所列項目：

我，憤怒的一方，同意：

1. 不說或做任何可能導致進一步的傷害或令憤怒加劇的事。
2. 不壓抑憤怒。
3. 修習呼吸，並回到自己心中的島嶼尋求庇護。

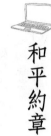

4.在二十四小時內，以口頭語言或傳達和平紙條，平靜地告訴令我生氣的人，關於我的憤怒和痛苦。

5.在同一星期稍後，例如星期五，相約對方深入討論此事，或以字條溝通。

6.別說：「我沒有憤怒，沒事了，我沒有受苦，沒有甚麼令我憤怒，也沒有甚麼足以令我憤怒。」

7.修習呼吸和觀察自己的日常生活，覺察：

(a)自己有時也有不善巧的行爲。

(b)如何因爲自己負面、不善巧的習氣而傷害他人。

(c)內在強大的憤怒種子如何成爲憤怒的主因。

(d)別人的痛苦雖灌溉了自己的憤怒種子，卻只是次要因素。

(e)別人只是在爲他們自己的痛苦尋求釋放。

(f)只要他人受苦，我也不能得到眞正的快樂。

8. 一旦知道是因自己缺乏正念和善巧所致，立刻道歉，不需等到約談的日子。

9. 去會見對方前如果我感到內心不夠平靜，可將約談延期。

我，造成他人憤怒者，同意：

1. 尊重對方的感受，不譏諷對方，允許對方有足夠的時間平靜下來。

2. 不催促立刻討論。

3. 以口頭或字條同意對方提出的約談要求，並保證我會應約。

4. 如果能道歉，就立刻道歉，不要等到約談的時候。

5. 修習呼吸，回到自己的心中島嶼尋求庇護，覺察：

(a) 因爲我的憤怒和不仁慈的種子及自己的習氣導致他人不快樂。

(b) 認爲使他人受苦就能釋放自己的痛苦，這是我自己錯誤的想法。

(c) 令人受苦的同時，我也受苦。

6. 一旦明白了自己的不善和缺乏正念，立刻道歉，不企圖替自己辯護，也不等到指定的約談時間才道歉。

我們＿＿＿＿＿＿（部門）員工在此決心修習，當困難出現時，願全心全意修習，以重建溝通、相互瞭解、建立和諧。

簽名：＿＿＿＿＿＿

日期：＿＿＿＿＿＿

地點：＿＿＿＿＿＿

度過風暴

當心行（心的善惡念頭）升起，例如是強烈的情緒，我們可對它說：「你只是一種情緒而已。」情緒來了，停留一會，最終總會離去。

人是由身體、感受、認知、心行和意識組成，範圍很大。你不只是那個單一的情緒。強烈情緒升起時，你要洞察這點，「嗨，情緒！我知道你在那裡，我會照顧你。」修習正念、深長的腹式呼吸，知道自己有能力處理內在升起的風暴。你可以盤坐，或以其他舒適的姿勢坐在地上或躺下，將手放下於小腹上，深深地吸入，深深地呼出，覺察小腹的起伏。停止所有的思想，只去覺知自己的呼吸和身體的移動。「吸氣，小腹隆起；呼氣，小腹下降。」完全專注在小腹的起伏上，停止一切思考，因爲你越想著不高興的事，情緒就越強烈。

繼續這樣修習，別讓自己停留在思考層面，把覺察放到呼吸上、肚臍下方，覺察小腹的起伏。繼續這樣修習，你便得到安全。就像風暴中的樹，從樹的上半部看起來，枝葉強烈地來回搖晃，你可能想，這棵樹彷彿快被吹斷。但當你把注意力往下移到樹幹，你會看到樹幹是如此平穩，你知道樹木深深扎根大地，不會被吹走，能抵擋風暴。所以當你被強烈的情緒風暴席捲時，別停留在樹頂的思考層面，停止思考，專注在下面的樹幹處，也就是你的小腹，擁抱樹幹，將注意力百分之百放在小腹的起伏上。只要能保持正念呼吸，專注在小腹起伏，你就安全了。

不必等到有強烈情緒才修習正念呼吸，否則在你最需要它時，你就會忘記該怎麼做。我們現在就要開始修習，在天朗氣清、無風無雨時就要修習，每天修習五或十分鐘，自然在我們最需要的時候，就能記起怎樣修習，讓我們輕鬆從強烈情緒襲擊當中生存下來。

身口意是你的印記

想與緊密合作的同事維持良好關係，你可以做下列幾件事：第一，留意你對工作以及工作上人際關係的想法。

你的工作可能是爲人提供服務，或生產商品。你可能以爲這就是你的工作目標，但在工作的同時，你亦生產其他東西——思想、說話和行爲（身口意）。

作曲家或畫家會在他們創作的藝術品上簽名。日常生活中，我們的思想、說話和行爲亦成了我們的印記。如果你的思想是正思維，包含了理解、慈悲和智慧，便是一件美好的藝術品，上面帶著你的印記。如果你能升起慈悲和智慧的念頭，這就是你的創造、你能傳給後人的禮物。它不可能沒有刻上你的印記，因爲它是你創造出來的。

你所說的每一句話，無不代表了你是誰以及你怎樣思考。不論你說的話是仁慈還是殘忍，都是你的印記。你所說的也許導致憤怒、絕望及悲觀，那都是你的印記。製造這樣負面的東西是不好的。只要帶著正念，你的語言便會有瞭解、慈悲、喜悅和寬恕。

若你內在有足夠的平和、快樂，不論你說甚麼話，都能傳遞正面元素，並灌溉別人心中良善的種子，於是正面元素得以成長。他們也因此懂得在跟他人交談時，灌溉別人正面的元素。如果談話唯一目的是爲了抱怨其他同事，表達憤怒、挫敗及暴力，你會傷害自己，同時也會傷害他人。正念對話是一項非常好的修習。說話時，我們必須覺察說話對他人所帶來的影響。

愛語

愛語意指帶著愛、慈悲和瞭解說話。我們嘗試不用指責或批評的話語，嘗試說話不帶判斷、苦澀或憤怒，因爲這些話會帶來很多痛苦。我們平靜地說話，帶著瞭解，只使用能鼓舞他人自信、喜悅及希望的話語。

我們可以用愛語邀請他人表達自己及其困難。我們一定要誠實、開放，準備好聆聽他人。當我們能慈悲、用心地聆聽，就能明白對方對我們的誤解，甚至是他們誤解自己的地方。同樣地，用心聆聽也讓我們知道對自己和對他人可能有的誤解。溝通能幫助雙方移除錯誤的觀點，而對雙方有更清晰、較接近眞相的見解。

縱使我們使用愛語，別人也可能以冷嘲熱諷和懷疑的態度回應，因爲過去他們曾有負面經驗，不容易輕信他人。他們沒有接收過足夠的愛和瞭解，他們懷疑我們所給予的不是眞愛，不是眞慈悲，儘管我們給的是眞正的愛和瞭解，他們仍會懷疑和猜忌。現在很多年輕人沒有從家庭、父母、老師和社會上獲得足夠的愛和瞭解，他們看不到周遭世界的眞善美。他們因此四處飄盪，尋覓信仰，渴望愛和瞭解，他們如餓鬼般遊蕩，永不滿足。

佛教傳統所講的餓鬼，是個大肚子、永遠感到飢餓的靈魂。

雖然餓鬼的大肚子容量很大，但只能吃很少，因爲喉嚨過窄，猶如針寬，沒有能力吞嚥食物。由於喉嚨這樣窄小，吃的東西不能通過，所以他們永不飽足。我們可以用這個形象來描繪那些雖然渴望愛和瞭解，但接收愛和瞭解的能力卻非常薄弱的人。因此在供給他們食物之前，你必須幫助他把喉嚨變回正常的大小。這是耐心、持續付出慈愛和瞭解的修習，你需要花時間得到他們的信任，在得到信任之前，你無法幫助他們。這就是爲甚麼就算面對他人的嘲諷、猜疑、不信任，你都要繼續不斷、不屈不撓地修習。

我們每一個人，不論是心理治療師、法官、律師、教師、警官、科學家、藝術家或電腦程式設計師，都能在工作場所修習用心聆聽和愛語，以改善溝通。一旦建立了良好的溝通，任何事都有可能。溝通能幫助移除錯誤觀點和誤解。

用心聆聽

用心聆聽是指帶著慈悲聆聽。縱使對方充滿錯誤觀點、歧視、指責、判斷和批評，你仍能安靜地坐著聆聽，不打擾、不反應，因爲你明白這樣做，對方會得到很大的釋懷。記著，你聆聽的唯一目的，就是讓對方有一個表達的機會，因爲到現在爲止，沒有人花時間聆聽他。此刻，你是一位聆聽的菩薩，這就是慈悲的修練。如你能在聆聽時保持內心的慈悲，你不會感到厭煩，慈悲保護你，讓你不會因聽到不公平、充滿指責、苦澀或責難的話語而感到懊惱或憤怒，這是很美妙的！讓你的內心保持源源不絕的慈悲，因爲你明白唯有如此聆聽，才能給對方機會表達，覺得被人理解，就是這麼簡單。保持覺知地吸氣、呼氣，如此修習，你可以聆聽很長時間，而不會觸動內在憤怒的種子。

到了某個時候，如果你感到憤怒或煩躁開始升起，你便知道自己的慈悲聆聽能力還不夠強大。此時，你仍可修習愛語，說：「我想今天狀況不是非常好，我們能否另改時間再談。後天怎麼樣？」別太著力。如果你聆聽的品質不佳，對方是知道的，所以別太勉強。

說話時，如果你是使用愛語，你有權說出心中的一切。然而，在說話當下，可能有痛苦和憤怒升起，而從你的聲音中可聽出。在這情況下，你知道你說愛語的能力還不夠好，你可以說：「能否給我機會下次再說？今天我的狀態不太好。」然後多修習幾天的正念呼吸、行禪，讓自己平靜下來，直到能夠再次講說愛語。

正念會議

會議經常是緊張、壓力和衝突的來源，所以，在梅村，有一些修習可以用來幫助我們在會議中保持平和與和諧。

會議開始之前，我們靜靜地坐著，回到自己。我們聆聽鐘聲，幫助自己返回呼吸，回到當下，平靜身心，放下擔憂，然後閱讀會議前的提示，提醒我們使用愛語和用心聆聽——要尊敬和尊重別人的見解，保持開放的態度，練習不要執著於自己的觀點。我們知道團體和諧是眾人幸福最重要的元素。如果我們執著於自己當下的觀點，或嘗試將自己的觀點強加於別人身上，就會造成痛苦。所以，我們要修習保持開放的態度，聆聽別人的經驗和洞見。我們邀請每一個人表達意見，在聆聽眾人見解之後，最後才達成共識。我們知道集體的智慧與洞見比任何個人更大。如果未能達成共識，便同意稍後再作討論。

會議進行中，我們修習使用愛語和用心聆聽。每次只由一人發言，不去打斷別人說話。有人在發言時，其他人就修習用心聆聽，盡心去理解那人所說的。用心聆聽是指專心聆聽對方所說的，還有那些未說出來的話。我們在修習聆聽時不作評斷和反應，不作口舌之爭，只是向整個團體說出自己的經驗。如果有任何問題，就把問題帶到會議中，讓大家有機會沉思、處理。開始會議之前，讀出下面的提示，或許會有幫助，你可以按自己的需要作修改。

會議前的修習

我們發願，以和睦共融的精神參與整場會議，並審視所有意見，總結成一致的共識，達致和諧與理解。我們發願，爲使會議成功，我們將使用愛語和用心聆聽。我們發願，我們對分享個人想法和洞見不會猶疑。但若是內心升起厭煩感覺時，我們發願絕不說任何話。我們堅決不容許在會議中造成緊張，如果任何人意識到氣氛開始緊張，我們就立刻停下來返回呼吸，以重建和睦協調的氣氛。

有時，我們在會議中坐在一起卻不談論工作。我們每星期有一次這樣的「快樂會議」，長約一小時。我們完全不談工作，只是彼此提醒我們已有充足的快樂條件，不用爲將來尋找更多的快樂條件。能這樣坐在一起，提醒了我們自己是如此幸運。我們可以喝杯茶，以共處的時間和正念修習滋養彼此。我們也可分享近日發生在自己身上的故事，分享當中的正面經驗。我們可以灌溉每個人內在的快樂種子，享受彼此的存在，欣賞別人的正面特質，並表達感恩。能夠坐在一起，我們感到非常快樂和幸運。

無論任何工作環境中，都能像這樣如此坐在一起享受彼此的存在，許多像這樣的修習在企業公司中都能應用。

4

回家

我已到了，已到家了

下班回家時，我們通常都充滿緊張和壓力，身體受苦是由於我們工作太勞累——我們沒有照顧好身體。身體吸收了許多毒素，這些毒素來自我們攝取的飲食、工作與過度工作。回到家，我們可以檢視自己當下的狀態，想辦法釋放身體的緊張和毒素。

假設你工作至深夜，也許會疑惑著：「當別人不是外出玩樂，就是已經在家中就寢，爲何我仍要工作到那麼晚？」這樣想會使得工作變得很困難，繼續工作會讓你感到很憤恨，耗盡了精力與養分。下班後因爲非常疲倦，你立即回家睡覺。若你與他人同住，這種筋疲力盡的感覺會嚴重影響你們的關係及家庭生活。但如果你懂得修習正念，你就能夠將長時間工作，轉爲正向滋養的經驗。

來到梅村，你會看見一個標誌：「我已到了，已到家了。」你也可以在家的前門貼上類似的標誌，來提醒自己不用再追趕甚麼。你不僅僅是回家睡覺然後外出工作，而是可以享受在家的時間，享受家庭生活，享受與你同住的人在一起，復原及滋養自己。當你回到家，請花點時間讓自己眞正到家，爲自己和身邊的人全然而在。

返回我們的家

因工作繁重而感到壓力，也許是與身心缺乏溝通而導致的。許久以來，你的身體和意識可能早已試著告訴你它很累了，只是你太忙而沒有適切地聆聽它。

我們很多人都沒有足夠的修習來聆聽身體，若要回到內心的家園，第一步就必須把注意力帶回到自己，去留意身體、情緒所發生的變化。身體是我們的第一個家，若我們不能回到身體的家，對外在世界也感受不到在家的感覺。

究竟是甚麼令我們回不了家呢？通常是因爲我們在內在之家

感到不舒服，感到混亂或一團糟，充滿困苦而想逃避。但是，我們需要回到自己的家來照顧這些感受。我們不需要把一切事情都妥當解決，然後才能回家。當你能覺察當下，願意回歸身體，這樣已經很好了，你已經是一個兼職的佛陀。你也許只轉化了內在痛苦的百分之一或百分之二，但你已經可以感到快樂，因爲你已經看到出路。

第二步，是與家人及所愛的人一同修習，不必等到轉化自己所有的痛苦後才能幫助家人。使用愛語和用心聆聽來與父母、伴侶和孩子溝通。你可以邀請他們與你同行，踏上轉化和療癒的道路，因爲家庭應該是修行的支持基礎，沒有家庭、伴侶、孩子的支持，要保持正念就會更困難。

你可以成爲帶領修習回到家的活躍成員。有些家庭中的人感覺不到眞正的家，家沒有穩固的根基，家只像一間旅館，大家進進出出，回來只是睡覺，各自各生活，彼此沒有溝通或支持。返回內在家園的修習，能幫助我們重建家庭，使家成爲一個有生命的有機體，當家庭裡有足夠的覺知、轉化和喜悅，你和家庭將會成爲力量的來源，以支持更廣大的社群。

你的存在

很多人都覺得自己沒有足夠的時間，因此將時間精力試圖細分，想像分配時間的百分之八十給工作、百分之十給家庭、百分之五給朋友、百分之二給慈善工作等等，但是這麼做，反而讓你無論何時何地或面對任何人都沒辦法完全爲自己或他們而在。而無論我們身在何處，其實都能夠百分百全然活在當下。

如果園丁不在花園裡，就無法照顧園裡不同的花兒、樹木和蔬菜。花園裡有樹葉、枯枝、雜草和落葉，好的園丁會懂得如何把這些枯萎的植物轉化成肥料來滋養花兒、樹木。因此我們的身體、感受、認知、心行和意識就是花園，我們需要全然在花園當中，就像園丁一樣灌溉、除草和轉化。

我們需要爲自己而在，想像國家要是沒有政府、總統、國王、皇后，就沒有人管理國家，每個國家都需要某種形式的政府，我們同樣需要成爲自己「國家」的國王、皇后或總統，爲照顧自己而在。我們需要知道甚麼是珍貴而美麗、而且要去保護它，也需要知道甚麼是不美麗的，將之移除或修正，我們需要在那裡，而不是逃避責任。但是，有些人不想成爲國王，也不想承擔責任，因爲厭倦當國王而想要逃走。

我們會用很多方法來逃避：看電視、閱讀報紙、上網、玩電腦遊戲或聽音樂，不想回到自己的國土，拒絕擔任管理自己國家的國王或皇后。我們需要覺知自己的責任，承擔起管理的角色，好好地回家照顧自己。

好好照顧自己，就是知道自己的局限。我們不能每件事情都做，我們的身體和能力是有限度的。作爲老師的我也有限度，我也想應邀到世界各地弘法，但若我讓自己這麼做，很快就會疲於奔命。縱使我的心願是想盡可能地幫助更多的人，但由於需求量非常大，而身體與健康卻有限度，因此我們必須學會說不，保護自己，讓生命的延續與工作能更長久。

所以，你必須承認自己的局限，你要有足夠的理智去瞭解自己的局限，並且採取恰當的工作計畫來回應眞正需要，才能爲自己、家庭和社群都帶來好處。

呼吸的房間

你需要在工作的地方、在辦公室騰出一個安靜的空間，甚至是辦公桌一角來練習好好呼吸，相對的，家裡也需要這樣一個呼吸的房間——一個平靜、安寧的地方，讓你能享受呼吸，回到自己的內在，這是一個能滋養自己並培養喜悅的空間。你也許可以設置一張小桌子，上面擺放鮮花和蠟燭，可以讓自己或與家人們靜靜地享受坐在那裡。

回到家中也許有很多家務和雜事要處理，但先用片刻坐下來。

呼吸是很重要的，能夠修復你在工作上的疲勞，接著之後做任何事時，就能感覺做得更清新、覺知和喜悅。

坐在一起

佛陀時代，很多比丘來訪，接受佛陀的教導。有些比丘深夜才抵達，此時佛陀的侍者會邀請比丘們進去與佛陀及僧團一起坐著。有時候，這些學生需要走上一整個月的路程，才抵達佛陀的所在地。那時候沒有電話，因此無法預知誰會到來，比丘通常都是不其而然抵達。有一次，幾百位比丘遠道而來，他們與佛陀平靜地一起坐著直到午夜。午夜時，佛陀的侍者阿難來到佛陀面前，阿難溫和地問：「佛陀尊者，現在是午夜十二點了，您是否會向這些比丘教些甚麼呢？」佛陀沒有說話，他只是繼續坐著，阿難只好返回座位坐下。凌晨兩點的時候，阿難又起身，又再次輕輕走向佛陀並且說到：「世尊，現在是凌晨兩點，您現在要教導我們些甚麼嗎？如果是，您可以開始了。」佛陀同樣繼續靜靜地坐著甚麼也不說，阿難又返回座位坐下。直到早上五點阿難再次站起來，再度輕柔地來到佛陀面前詢問：「已是早上五點了，您想說些甚麼嗎？您想教些甚麼嗎？」最後，佛陀望著阿難說：「阿難，你想要我說甚麼呢？我們能坐在一起還不夠嗎？這裡已經有足夠的幸福，我們還須說甚麼呢？」

坐在一起就足以爲我們帶來幸福快樂，當我們全然覺察地坐著，就眞正活在當下，眞正回到家了。

如果你在家裡能預留時間和地方，讓自己平和、安靜地坐著，你會發現自己期望回家。

家務

下班回家通常都想休息，所以我們常視家務爲更多的工作，例如煮飯、整理和清潔，工作一整天後我們再也不想回家做任何額外的工作。但是，如果我們有時間放鬆下來，重拾自己並且更新能量，就能看到這些事能帶給我們喜悅，並非只是添加工作量與壓力。

雖然單純地坐著很美好，但我們不一定要坐著才能得到快樂，拖地也能讓我們快樂。請想像如果自己沒有家了，就像世界上有很多人沒有家可以清掃，但自己卻有個家！家中有地板可以拖掃，你會因此而感到非常快樂。煮飯、掃地、吸塵及清潔，都能爲我們帶來許多快樂。

有人會想：「打掃廁所怎可能會讓我快樂呢？」但是，我們很幸運能有廁所可以打掃。當我在越南當沙彌的時候，我們是沒有廁所的，我住在一百人的寺院裡，那裡卻沒有廁所，而我們依然能生存。寺院的周圍是叢林和山丘，我們會爬上山丘，那裡沒有廁紙，要用乾的香蕉葉或撿乾葉子來擦拭。而我在尚未出家之前，家裡也沒有廁所，當時只有很少數富裕的家庭能有廁所，其他人都得到田間或山丘去解決。當時的越南有二千五百萬人口，大部分的人都沒有廁所，所以有廁所可以打掃，就足夠讓我們感到快樂了。

因此每一項家務，都給我們修習覺察和感恩的機會，煮飯可以是快樂之源，因爲我們覺察到自己有廚房、有爐具、有食物可烹調、有食物來滋養自己，也許我們不享受這些事情的原因之一是認爲要有刺激的活動才能讓我們享受，但是很多人把喜悅、幸福與刺激混淆了。

刺激與幸福不同，喜悅和幸福當中已有滿足感，當你知道自己在當下就能有很多的幸福快樂條件，你就會有一份滿足感，不論坐著、走路或站立、或工作的時候，若能覺察到這些，就能在任何時候都感到幸福快樂。

而且你的正念會提醒其他人，他們也能開始享受煮飯與打掃，若大家一起做就更愉快了。

5

工作的新方式

很多西方國家的傳統商業模式，相信競爭是唯一達到成功的方法，我們也認爲愈具競爭力就表示愈有力量，也相信唯有他人失敗，我們才能成功。但是有人贏，就有人輸，輸的人就受苦，這就是競爭。當我們跟人比較：「我比你好」，這種思維只會加強分別心、優越、自卑、平等感的情結。失敗時我們就會受苦，因爲覺得別人比自己好，但若你能看深一點，這種思維是基於錯誤的人我分別之心，若我們持續有這種想法，就會走向自我毀滅的方向。

我們很清楚競爭是沒有贏家的，那些力圖要成爲最好、最頂尖的人，他們得要非常努力工作才能達到最好，也因此受到很多苦，一旦達到顛峰，還要奮力停留在高峰，常常承受著巨大的壓力也耗盡了精力。如果我們繼續這樣生活，就是走向自我摧毀也走向摧毀地球。這就是爲甚麼我們要覺醒，需要強大的集體覺醒來改變文化的進程，否則我們就是在互相摧毀，摧毀我們所愛的人，也摧毀地球的自然資源。競爭中是沒有贏家的，每個人都是輸家，人我分別帶來很多痛苦，無分別智與互即互入（interbeing）的智慧能幫助我們瞭解你在我之中，而我也在你之中。

我出家爲沙彌的時候，師父教我如何向佛陀禮敬，我們會念誦詩句：「禮敬者與受禮者本性皆空。」這裡指的是沒有一個獨立的自我。我們不應驕傲，因爲我是由非我的元素所組成的，其中包括了你；而你是由非你元素所組成的，也包括了我。所以，如果你與其他人競爭，也同時與你自己競爭。

但這並不是說我們全都一樣。如果我們望著某些東西，例如是花，雖然我們望著相同的花，但看花的方式可能不一樣，每個人有不同的觀看方式。我們不應試圖要求別人的思考、做事方式都要與自己相同，我們想要的是建設性的思考，帶來更多瞭解、慈悲與和平，我們想要更多的喜悅、和平與自由。我們創造美好事物的方式可能不同，但不必用與競爭來獲取。我們都是整體中的一部份，可以同心協力，以各自不同的方式來創造美好。

三種力量

很多人以爲，只要擁有權力就能爲所欲爲，讓自己快樂，但是事實上，很多人擁有某種權力，卻因爲不懂得如何處理權力，誤用權力而爲自己和他人帶來了痛苦。金錢是一種權力，名譽是一種權力，武器是一種權力，強大軍隊是一種權力，世界上的很多痛苦，都是因爲人們誤用權力所致，那是因爲他們沒有力量成爲自己。

佛教傳統中提到的三種力量，這三種力量與名譽、財富、競爭的權力很不一樣，是能令人快樂的力量，如果你有這三種力量，金錢、名譽、軍隊或武器等權力就永遠不會造成破壞。

第一種力量：瞭解

第一種力量是瞭解的力量。我們應該培養瞭解自己痛苦和瞭解別人痛苦的力量，這種瞭解能帶來慈悲，慈悲能減輕我們自身的痛苦。當你瞭解，你就不再憤怒，不再想懲罰任何人，瞭解是一種巨大的力量，能升起慈悲。

當你有足夠的瞭解，就能釋放所有的恐懼、憤怒和絕望，瞭解是瞭解自己、他人和世界的痛苦根源。我們利用正念和正定的能量來深入觀察我們的痛苦本性並獲得瞭解。佛教不以恩典談救贖，而是用瞭解來說救贖。瞭解就像一把利劍，能斬斷憤怒、恐懼和絕望的煩惱。

第二種力量：愛

把一撮鹽放進碗中的水攪拌，那碗水喝起來會很鹹，但若將同樣的鹽放入廣大的江河，那撮鹽並不會讓河水變鹹。愛的力量，就像河水，如果你的心漸漸變得寬大，就有空間容納每一個人。心充滿愛的時候，些微的厭煩就像一小撮鹽撒進河裡，不會干擾你，而你也不再受苦。

愛的能量能讓你自由，也能幫助你身邊受苦的人自由。與人相處出現困難時，我們會有兩種反應：第一種反應，會想懲罰那個你認爲讓你受苦的人，你相信自己是受害者，而想要懲罰那個人，因爲他竟敢令你受苦，這個想法驅使你去反擊與懲罰對方。當然若對方被懲罰，他會受苦，然後他又反擊跟懲罰你，而導致事態嚴重。而另一種的回應，你可以用愛的力量來回應痛苦，深入觀察，你便會知道那個令你受苦的人也深受痛苦，他受到自己很多錯誤觀點、憤怒、恐懼之苦，他不知道怎樣處理自己內在的痛苦，要是沒有人給他愛和瞭解，他就成爲了自己痛苦的受害者。如果你用愛的眼睛來深入觀察，就能看到這一點，慈悲就能從心中油然而生。當心中生起慈悲，你就不再受苦，也能止息他人的痛苦。

第三種力量：放下

第三種力量是放下、不執著，放下貪慾、憤怒、恐懼和絕望等等的煩惱，當你有能力斷除這些煩惱，就成為一個自由的人，沒有力量比這股力量更強大的了。當你自由時，你就能幫助很多人減輕痛苦。

我們內心都有貪慾的能量，但我們可以培養力量來斷除這種能量，我們知道貪愛會為自己及身邊的人帶來很多痛苦，而正念、正定與瞭解能給予我們力量來克服對煩惱的執著。

你相信自己貪愛之物對幸福、快樂很重要，就是讓貪慾凌駕於你。倘若你深入觀察，就會覺察到你所貪愛之物並非快樂的真正條件。如果你明白了，就能夠培養愛與瞭解的能力，這時候就有了眞正的力量。

商業中的三種力量

金錢、名譽、性愛及財富這些其他力量，會讓你成爲受害者，也會促使你去傷害他人，但是，愛、瞭解和放下這三種力量則絕對不會讓你受苦，也不會讓他人受苦。這三種眞正力量只會讓你快樂，也幫助別人快樂。不論你的工作是何種專業，每天給自己機會去培養力量來瞭解痛苦，接納愛並且原諒，也有力量斷除和轉化煩惱。

假如你是一位商業領袖，希望事業成功，如果你懂得如何培養這三種力量，就不會誤用手中不論是金錢、名譽，還是其他資源的力量。你不會想懲罰或破壞，只會想知道如何經營來保護環境和眾生，而不會誤用你所擁有的力量。

如果你想修習三種力量，也想成為一個經濟成功的企業主，首先就是要回到你自己。如果你想走遠一點而實現夢想，首先就需要學習如何照顧自己。我們應該學習正念呼吸和正念步行的藝術，將心帶回到身體。修習正念，我們能從擔心、恐懼中轉回來，從追悔、哀傷中釋放出來。正念和正定的能量讓我們能聆聽和轉化自己的痛苦。

唯有在自己的內在建立和諧、愛與快樂，我們才能在自己所處的位置上眞正幫助自己的事業。當公司充滿著誤解、挫敗和憤怒，董事長、老闆與員工都可能在受苦。如果我們內在沒有幸福快樂，就沒有輕鬆感，也很難成功快樂地經營生意、公司或是機構。

如果你已經培養慈悲和瞭解的力量，你就能以慈悲、愛和瞭解來聆聽公司裡的每一個人，從而幫助員工減輕痛苦。

要成爲一個成功的企業領導者，其中的職責就是要有時間坐下來聆聽他人。當對方感受到你明白他們並支持他們的時候，他們就會變成你的盟友，而非只是一個員工。你花在聆聽員工的時間並不是浪費，這些時間使你的公司不只是一個商業機構，而是滋養你和所有員工的美好環境。

平衡快樂與利潤：四種商業模式

我認爲商業、公司和機構是有可能將焦點放在快樂與幸福，而非僅僅是利潤。在梅村，我們注重幸福快樂，這就是爲甚麼我們用很多時間來照顧自己。我們需要這樣做，是因爲我們知道，除非能照顧好自己，否則我們不能照顧其他人。如果我們不注意幸福快樂，只聚焦於利潤，最後只是帶來痛苦。

經營生意的方法之一，是專注於幸福快樂。但生意也需要收入來源或其他的維持方法，所以我們可以強調快樂經營生意，也可同時強調利潤。而第三種模式，只是聚焦於利潤，當中沒有幸福喜樂。有些生意是沒有快樂也沒有利潤，這樣的生意不會持久。我們的生意能賺得很多利潤，但不需要爲它犧牲了喜樂。我們不想在生意上賺大錢卻完全沒有喜樂，如果專注於賺取利潤，就會摧毀自己、環境、我們的快樂和其他生物的快樂。倘若我們聚焦於瞭解、愛和放下三種力量，喜樂將會伴隨而來，利潤也會出現，但不是付出快樂作爲代價。

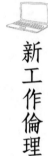

新工作倫理

人人都可能有自己的生活行爲準則，同樣在家庭或工作上，也有一些慣例的倫理規則來指引大家。家裡用餐前或公司開會前，大家可以同意靜靜安坐一會。也許大家也都同意，當自己感到憤怒，在跟對方說話之前，自己先坐著平靜下來。這些協議能保護和滋養自己、家庭和共事的人。

工作場所要運作得好，必須有一套大家都願意接納的行爲準則。即使你擔任管理階層，並不代表你可以下令制定規則並強迫他人服從，這是行不通的。如果你與別人周旋於權力鬥爭，你自己和你的團體永遠無法幸福快樂，你不會有快樂和諧的工作環境。我身爲一個老師，我不會利用權威去強迫學生做我想要他們做的事，權威是行不通的。取而代之，我會與學生一起坐下來，嘗試幫助他們看見自己負面的說話與行爲，不會爲他們或團體帶來幸福快樂。

瞭解是愛的基礎，如果不瞭解他人的困難、痛楚、痛苦和最深的願望，你就不能眞正照顧他們或令他們快樂，這就是「瞭解即是愛」的原因。你有沒有花時間深入觀察和瞭解自己痛苦、痛楚和哀傷的根源呢？你能慈悲對待自己嗎？若不行，你又如何以瞭解和慈悲與他人相連呢？請你培養慈悲與瞭解，用這樣的行爲規則來促進工作環境的和諧、快樂與和平。

當你開始一份新工作，你就成爲既有工作文化的一部份。工作文化也許對人和意見都很尊重，也許不尊重。也許沒有人覺得要爲工作文化負責，認爲文化就是如此不能改變，事實上這不是眞的。正念給予我們機會去思考，自己想如何與他人共事，如何創造一套工作倫理規則。一旦我們看到大家都是人，我們就知道彼此分享著共同目標、希望與倫理。

修習五項正念修習

在梅村，我們提出五項正念修習，代表了我們對於靈性和道德的全球性視野。這些修習不是基於任何宗教的戒律，而是依循甚麼能爲我們帶來共同的健康與快樂的理解。五項正念修習與今天的工作世界息息相關，可以當成公司工作倫理的基礎。依隨這些指引，你不但能爲自己帶來快樂與健康，也爲你同事及所有你面對的人的快樂與健康作出貢獻，最後能爲整個世界帶來益處。

第一項正念修習是保存和保護生命。第二項修習是修習眞正幸福——這種幸福不會對你或是環境帶來破壞。第三項修習是關於真愛，這樣的愛只會創造喜悅與幸福。第四項修習是修習聆聽和愛語，以重建溝通。第五項修習是修習正念消費，我們修習能保護我們、眾生萬物及地球的消費方式。

五項正念修習

第一項正念修習：尊重生命

覺知殺害生命所帶來的痛苦，我承諾培養互即互入的智慧和慈悲心，學習保護人、動物、植物和礦物的生命。我決不殺生，不讓他人殺生，也不會在思想或生活方式上，支持世上任何殺生的行爲。我知道暴力行爲是由恐懼、貪婪和缺乏包容所引起，源自於二元思想和分別心。我願學習對於任何觀點、主張和見解，保持開放、不歧視和不執著的態度，藉以轉化我內心和世界上的暴力、盲從和對教條的執著。

第二項正念修習：眞正的幸福

覺知社會不公義、剝削、偷竊和壓迫所帶來的痛苦，我承諾在思想、說話和行爲上，修習慷慨地分享。我決不偷取或佔有任何屬於他人的東西。我會和有需要的人分享我的時間、能量和財物。我會深入觀察，以瞭解他人的幸福、痛苦和我的幸福、痛苦之間緊密相連。沒有瞭解和慈悲，不會有眞正的幸福。追逐財富、名望、權力和感官上的快樂會帶來許多痛苦和絕望。我知道眞正的幸福取決於我的心態和對事物的看法，而不是外在的條件。如果能夠回到當下此刻，我們將會覺察到快樂的條件已經具足；懂得知足，就能幸福地生活於當下。我願修習正命，即正確的生活方式，藉以幫助減輕眾生的苦痛和逆轉地球暖化。

第三項正念修習：眞愛

覺知到不正當的性行爲所帶來的痛苦，我承諾培養責任感，學習保護個人、家庭和社會的誠信和安全。我知道性慾並不等於愛，基於貪慾的性行爲會爲自己和他人帶來傷害。如果沒有眞愛，沒有長久和公開的承諾，我不會和任何人發生性行爲。我會盡力保護兒童免受性侵犯，同時防止伴侶和家庭因不正當的性行爲而遭受傷害與破壞。認識到身心一體，我承諾學習用適當的方法照顧我的性能量，培養慈、悲、喜、捨這四個眞愛的基本元素，藉以令自己和他人更加幸福。修習眞愛，我知道生命將會快樂、美麗地延續到未來。

第四項正念修習：愛語和聆聽

覺知到說話缺少正念和不懂得細心聆聽所帶來的痛苦，我承諾學習使用愛語和慈悲聆聽，爲自己和他人帶來快樂，減輕苦痛，以及爲個人、種族、宗教和國家帶來平安，促進和解。我知道說話能帶來快樂，也能帶來痛苦。我承諾眞誠地說話，使用能夠滋養信心、喜悅和希望的話語。

當我感到憤怒時，我決不講話。我將修習正念呼吸和正念步行，深觀憤怒的根源，覺察我的錯誤認知，設法瞭解自己和他人的痛苦。我願學習使用愛語和細心聆聽，幫助自己和他人轉化痛苦，找到走出困境的路。我決不散播不確實的消息，也不會說引起家庭和團體不和的話。我將修習正精進，滋養愛、瞭解、喜悅和包容，逐漸轉化深藏我心識之內的憤怒、暴力和恐懼。

第五項正念修習：滋養和療癒

覺知到沒有正念的消費所帶來的痛苦，我承諾修習正念飲食和消費，學習方法以轉化身心和保持身體健康。我將深入觀察包括飲食、感官、意志和心識的四種食糧，避免攝取有毒的食糧。我決不投機或賭博、也不飲酒、使用痲醉品或其他含有毒素的產品，例如某些網站、電子遊戲、電視節目、電影、書刊和談話。我願學習回到當下此刻，接觸在我之內以及周圍清新、療癒和滋養的元素。我不會讓後悔和悲傷把我帶回過去，也不會讓憂慮和恐懼把我從當下此刻拉走。我不會用消費來逃避孤單、憂慮或痛苦。我將修習觀照萬物互即互入的本性，學習正念消費，藉以保持自己、家庭、社會和地球上眾生的身心平安和喜悅。

你的工作場所、學校、公司或機構可以選擇採用五項正念修習作爲工作倫理的基礎，你也可以用個人或家庭爲單位來實踐這些修習。這些修習是以互即互入的智慧爲基礎。互即互入的意思是：沒有東西能獨立存在，每樣東西都有其他的東西在其中，每樣東西都在其他東西之內，凡事互即互入，你與其他的東西共存。

帶著正定和正念來深入觀察玫瑰，我們就能看到玫瑰只能由非玫瑰的元素組成。我們在玫瑰中看到甚麼呢？我們會看見雲，因爲沒有雲，就沒有雨，沒有雨，玫瑰就不會生長。所以當我們深入觀察玫瑰，就會看到雲這個非玫瑰的元素。接著我們看見陽光，陽光也是玫瑰生長的重要元素，所以陽光也是另一種非玫瑰元素。如果你從玫瑰中拿走陽光和雲，就不會有玫瑰了。如果繼續這樣深入觀察，我們就會看見很多其他非玫瑰元素在玫瑰之中，包括礦物、土壤、農夫、園丁等等。整個宇宙聚在一起生產出美妙的事物，叫做玫瑰，玫瑰不能單憑自己而存在，玫瑰必須與整個宇宙互爲存在，這個洞察叫做互即互入。

快樂也是一種玫瑰，快樂是由非快樂元素組成。如果你嘗試拋開所有非快樂的元素，例如痛苦、疼痛、擔心、絕望，你永遠不會快樂。就像種植蓮花需要污泥，深入觀察蓮花，你會看到污泥。你不能在大理石上栽種蓮花，蓮花只由如污泥的非蓮花元素組成，就像快樂是由非快樂元素所組成，這是互即互入的本質，萬物均在其他事物之中，我們不能企圖爲保存某一東西而除去其他東西，那是因爲他們存在於彼此之中。

因此，快樂不是個人的事或個人的快樂，眞正的快樂會影響其他人，就像樹能對它周圍的世界有好的影響一樣。如果一棵樹是健康、挺立、美麗的，即使那棵樹不做任何事，只因它在那裡健康、美麗地存在，就能爲整個世界帶來利益。人也是如此，如果某人快樂，他的快樂便能嘉惠周遭的人。這就是爲甚麼我說快樂是工作環境的要點。我們的快樂會影響工作以及周遭的人，我們彼此不能分離。

不論你的工作是甚麼，同事們聚在一起思考怎樣把快樂帶進工作，是很有幫助的。我們要問：「甚麼是眞正快樂？」若沒有歸屬感，大家沒有因爲團體利益而和諧共事，即使你有權力和金錢也不會快樂。當我們明白這一點，就能夠反思你和一起工作的人，要如何完成工作和經營生意，讓日常生活中有眞正的快樂、愛與和平。

知足

也許你有一份自己享受的工作，但一起工作的人卻很難相處。也許你覺得工作對自己、對別人、對環境都沒有好處，但你有理由得要繼續這份工作，或至少暫時必須如此。然而不論情況怎樣，在這一刻你已能在工作中得到快樂，不必等到未來。正念呼吸，覺察腳步，一起成長的共修團體能幫助我們製造幸福喜樂。

我們都認爲自己沒有足夠幸福的條件，想要跑到未來尋找更多的幸福條件。但如果我們帶著正念回到當下此刻這個家，就會知道幸福喜樂的條件已然存在，我們當下就能找到足夠的幸福快樂。

如果你無法覺察到陽光，你就是永遠活在黑暗中。正念幫助你看見陽光，這是多麼美好呀！有山丘、鳥兒、樹木，地球是美麗的！正念幫助我們覺知自己的身體，自己還活著，能看見，有肺部能夠呼吸，有強壯的雙腿雙腳能夠奔跑，有很多很多的幸福條件。如果將我們已有的幸福條件寫下，一頁、兩頁就算用到十頁紙都不夠用，我們有足夠多的條件讓自己幸福快樂！

三種滋養幸福的方法

不論在家裡或工作，都有很多滋養幸福的方法。第一種滋養幸福的方法，是觀察並看到我們的身體和四周都已經有許多快樂條件。我們的眼睛明亮，耳朵能聽，身體仍能運作，四周有空氣讓我們呼吸，有美麗的天空。我們只須眞正地活在此時此地，就會能看得見。知道我們已有很多的幸福快樂條件，這就是一種讓我們創造快樂的方式。

第二種創造快樂的方法，是比較當下情況與過去不快樂的情況。大家都有經歷過困難或深感痛苦的時刻，譬如親人離世，或所愛的人遇上嚴重意外或疾病。這些時候，我們感到非常痛苦，很難培養幸福喜樂。雖然這些事已過去但記憶猶存，圖像仍存活在心中。如果喚起這些圖像與當下比較，就能清晰看到當下的情況好很多，有了這個覺知，快樂就會油然生起。

若在藍色封面的筆記本上放一張小白紙，我們就能看到顏色的對比，藍色筆記本代表過去的痛苦，白紙代表當下的幸福，比較兩者，我們就能非常清楚看見它們的不同。白色突然看上去變得更白——比白還白。比較過去的痛苦，自然看見此刻的珍貴幸福條件；比較過去與現在的情況會讓我們的幸福更閃更亮。

第三種滋養幸福的方法，是專注在當下，修習喜悅與痛苦共存的生活藝術，接受和擁抱痛苦，而非與之搏鬥或壓抑。過去我們有很多的痛苦，養成了執著痛苦、困難的習慣，但是我們可以提醒自己不要活在過去。每當痛苦生起，不管是過去還是當下的苦，我們都不必執著痛苦。我們可以用正念來承認痛苦，並對它說：「我知道你在。我在這裡，爲你而在。」只是這樣做，痛苦就減少了。痛苦被擁抱，它平靜下來了，忽然之間我們就有空間生出喜悅。我們需要溫柔地擁抱痛苦，就像母親擁抱、安撫哭泣的嬰孩一樣。當母親全心全意地抱著哭泣的嬰孩時，嬰孩就平靜下來。不要跟你的痛苦爭鬥或掙扎，只要知道及擁抱它，幸福喜樂就能生起。

運用這三種滋養幸福的方法，即使是在工作上，我們會發現幸福是可能的。我們放下擔憂，心變得更清明、更輕安。我們可以專注於自己一天的意向，不被恐懼、憤怒或痛苦所困。向著想把工作做好的渴望前進，爲自己及地球帶來益處。

正命

佛陀說正命是通往幸福的八種元素之一。我們怎麼知道自己在修習正命呢？修習正命，指的是所做的工作能滋養我們慈悲與瞭解的理想，試著選擇爲自己、他人、動物、植物以及整個地球帶來最大利益與最少傷害。即使這個選擇比原本賺錢少些，卻能帶來更多的喜樂。正命是倫理問題，關於如何生活得幸福美好，不但爲自己、也爲所有工作上直接或間接受影響的人。

整體而言，我們的生活方式、工作以及工作方式，都能爲他人和社會的集體覺醒起一份作用。爲了地球的將來，我們需要集體覺醒。你可以問問自己，自己的工作如何幫助他人？如果你被幫助他人的渴望所推動，就會在工作上有很多的喜悅能量。沒有東西比得上知道地球的生命之美並作出貢獻而更令人喜悅的了。

懂得怎樣滋養幸福很重要，我們所選的工作是非常重要的元素，很多現代工業都對人類和大自然帶來傷害，讓修習正命變得非常困難。如果我們不細心去檢視我們所做的事情，就會帶來很多傷害。食物生產就是個好例子。如果某人在商業農場工作，他也許覺得種植食物有益於人，但如果農場用的是化學毒物，在那裡工作就是在傷害人類和環境。如果農民尊重環境而試著拒絕使用化學品，商場上卻競爭困難，就要為財政、生存而掙扎。縱使農夫成功經營有機農場並能獲利，只要他鄰近的農場仍使用殺蟲劑和化學肥料，就會對空氣、土壤和水份造成污染，農夫仍然很難種植健康的食物。由此可知，我們彼此相連，我們的工作影響如此深遠。正命不純粹是個人的問題，我們工作選擇不但會影響自己、家庭和我們所愛的人，也會影響鄰居和全球人類的健康！

工作的靈性層面

有一位男子開了一輛豪華汽車來見我，他告訴我說他負責設計核子彈頭，他常因爲這個工作而受到良心譴責，但因要維持家計而不能辭職。這位工程師雖然從事破壞性的工作，但他仍存有良心，他能覺知自己所做的工作。這個世界上，需要這樣正念的人在那樣的環境工作。若他辭掉了工作，就會由另一個人取代。如果那人沒有太多的正念，並不怎樣能覺察他的工作潛在的負面後果，事情會變得更糟。當然最理想的方式，是找到使人不再製造核子彈的方法。如果沒有人願意設計導彈的彈頭，就不會產出導彈的彈頭了，也不能用到導彈的彈頭。這位工程師知道，他若想要享受正念所帶來的平和，就不會繼續做目前這個工作，他會朝向正命而另謀他就。

不論工作多麼苛刻，不論我們是社工、員警、醫生、設計師、軟體工程師、科學家或者老師，我們都能成爲菩薩，可以在工作中實踐瞭解和覺知。律師可以用慈悲與瞭解來深入觀察事物，令律師變成一份培養理解與和解帶來療癒的工作，而不只著重處理衝突和對峙。律師能視他的工作爲幫助客戶深入觀察事物，以便帶來轉化、和好與療癒。律師當然要爲客戶打贏官司，但也可以眞心地與客戶分享見解，讓客戶明白另一方的觀點與想法。在法庭上陳詞時，律師可以灌溉每個人，包括法官，關於慈悲與瞭解的種子，這點很重要，很多人都會留意和欣賞到這樣的修習。

一個有正念的政治家，也能夠根據自己的良心和個人的洞見來行事，他能夠正念地投票，即使這樣做會與黨派的決定不一致。若他表現出誠實與善意，其他黨員就會瞭解他，他會得到他們的支持。所以，重要的是將修習和靈性的維度帶入工作中。我們的世界需要這樣的人。

共同負責

不論你做甚麼樣的工作，你都實實在在地代表著所有人，以大家的名義做這個工作。如果你的工作對眾生或對地球帶來不良影響，所有人都要共同爲你所做的事情負責，我們會一起受苦。如果你覺得還是需要繼續做這個不能滋養你的工作，你仍可以帶著正念地做。繼續修習正念，最後你會有更多的洞見。這些洞見會幫助你改善目前的工作狀況，或者讓你能夠離開，找到另一個更加滋養身心的工作。覺知自己的慈悲並培養它，不要成爲機器般自動導航運作，要保持人性和慈悲。

假如我是學校老師，工作上充滿喜悅，能夠滋養學生的愛與理解，如果有人要我停止教書而去當屠夫，我會拒絕他。當我沉思萬事萬物互相關連，我就能明白，屠夫不只是負責宰殺動物的人，他是爲肉食者而工作。我們需要爲他的宰殺行爲共同負責。我們也許認爲屠夫的謀生方式是錯的，而我們所做的是對的。但是，如果我們不吃肉，屠夫就不用宰殺，或者他會少殺一些動物。正念是集體的事，每一個人的生命都會影響著所有人，反之亦然。屠夫的孩子，可能因爲我對尊重與保護生命的教導而受惠；而如果我的孩子們吃肉，就得負上屠夫選擇這份職業的部分責任。

當我們思維正命，比單純審視我們怎樣賺取薪水更爲廣泛。

我們的一生與整體社會本質上是相連的。我們所做的每一件事，都與努力修習正命有關，我們不可能百分百成功，直至所有人都朝向同樣的正確方向。每一個人都可以下定決心朝著慈悲，朝著減輕世間痛苦的方向前進，每一個人都能下定決心爲社會帶來更多的瞭解、愛和慈悲。

數以百萬的人從事軍事工業，他們都直接或間接地製造「傳統」及核子武器。美國、俄羅斯、法國、英國、中國和德國是這些武器的主要供應商，所謂傳統武器則被賣去貧困的國家。那裡的人們不需要槍械、坦克或炸彈，他們需要的是食物。製造或銷售武器都不是正命，所有人——政治家、經濟學家和消費者，都要共同負責，爲這些武器所帶來的死亡和破壞而負責。如果工作能幫助你實踐慈悲的理想，你要感恩。請你嘗試幫助創造合適的工作，讓人過正念、簡單、幸福生活的工作。

想要在剝削與破壞地球的文化中，找一份能全心全意支持、眞心維護、道德上你認同的工作，需要時間、堅定的意願和甚深的願景。不要沮喪或放棄，如果此刻你的職業未能使你百分百修習正命，你可以朝著正命的方向前進，在目前的工作中修習正念和慈悲。不論你現在所做的是甚麼樣的工作，是你眞心所想或是暫時的工作，直到找到更好的工作時，你還是可以在工作上找到製造喜樂的方法。

集體覺醒

不論我們做甚麼樣的工作，工作的一部份就是要爲我們自己帶來快樂，爲地球帶來集體的療癒、轉化和覺醒。互即互入的智慧能夠幫助我們，但我們需要集體覺醒，每個人都需要爲這種集體覺醒出一分力。若你是記者，就以記者身份來做；若你是老師，就以老師角色來做。沒有這種覺醒就甚麼也不會改變。每個人都必須坐下來深入觀察，看看我們能夠做些甚麼，看看今天可以做些甚麼，幫助減輕周圍的痛苦，減輕壓力，並帶來更多的喜悅和快樂。我們可以自己單獨做，或者小組一起做，或與同事、家人一起做。世間有很多痛苦，同時也有很多潛在的喜悅，帶著覺知生活，展現工作的藝術，你就能爲集體覺醒作出貢獻。

每個人都有瞭解和愛的能力，每個人內心都有大愛的種子。佛教有一個故事關於常不輕菩薩，他唯一所做的，是到處告訴人：「我不敢低估你，你有成佛的潛能，一個有大覺和慈悲的人。」這就是他唯一的訊息，他發願當碰到每個人——富者、貧者、受教育者、未受教育者，他都會說相同的話。有時候人們以爲他在取笑他們而打他，但這位菩薩仍然繼續說：「我眞心相信，我想帶給你的訊息是你有成佛的可能，每個人都具有瞭解和愛的能力。」

但是一位佛陀是不足夠的，我們需要其他的覺者，即使只是兼職的佛陀。當我們帶著覺知生活，自然不用著力就能轉化周遭的生命。我們可以建立一個共修團體，在遇上困難時就能支持我們。正念的集體能量非常有力量，如果我們被修習正念的人所包圍，就能從他們的能量中獲益，就像海水被海洋所擁抱一樣。

工作中創建社群

一旦你在工作中嘗試修習正念一段時間，你會知道誰有興趣與你一同修習正念呼吸、坐禪、行禪。如果身邊的人一起修習正念，你會得到集體能量的支持，修習將變得非常容易與自然。

就算起初無法在工作中找到其他人與你一起修習，但你的修習已經對四周的人以及整個工作環境有所益處。愈修習正念，就愈能將你的工作環境轉向正面，每一個人都能貢獻集體能量。修習正念呼吸及行禪，令你支持身邊的人；修習正念呼吸和行禪，我們成爲每個人的正念鐘聲。當你正念走路，享受每一步，就能鼓勵別人效法，縱使他們不知道你正在修習正念。微笑時，你的微笑支持身邊每一個人，提醒其他人也微笑，你的修習非常重要。

當你一個人，沒有社群的集體能量，你仍需修習正念來保護自己，免受其他人的強烈情緒、暴力和憤怒的影響。你亦需要修習正念來保護自己，避免因意外事件、自己的不善巧和憤怒而受苦。如果你灑了某些東西、跌倒、令自己受傷、對人發怒，這些都是因爲沒有足夠正念而發生。如果你平和、清晰，就不會引起這些意外事故。

人人都需要共修團

我們難免在工作上遇到困難，我們的內在都有痛苦、哀傷和恐懼，但不需要獨自將這些感受隱藏在心中。我們可以找團體一同共修，讓團體擁抱我們的痛苦，沒有人擁有足夠的力量來獨自擁抱自己的痛苦與哀傷。

拋一顆石頭到河裡，不論石子多麼細小都會沉入河底。但若有一艘船，船上即使承載很多噸石頭，也不會沉沒。我們的痛苦亦然，哀傷、恐懼、擔心和痛苦就像被船隻承載的石頭，如果團體的正念能量擁抱我們，我們就不會沉入苦海，我們的痛苦就會減輕。當然，我們可以單獨修習正念，但有團體共修會變得更容易也有更多支持。很多人一起修習正念時，集體能量就會變強，這個能量能幫助我們轉化和療癒。沒有集體能量，我們可能會失去修習的方向而最終捨棄了修習。如果你想持續修習，應該在身邊建立一個團體來一起共修，這樣你的修習就會因團體的集體能量而持續下去。

知道自己的方向正確就足夠了，不必每一件事都要完美，只要在修習道路上有穩定的進步就好了。如果你目前的處境或工作有違正命，那麼你可以考慮暫時做這樣的工作，直到找到別的、且壓力較小的工作。讓自己的生活更簡樸幸福，對人類和大自然都沒有傷害。

同時你也有一些事情可以做，你可以每天修習正念、培養內在慈悲，將修習帶進工作場所。一份好的工作很重要，但誠實、平和地生活、追隨正道更爲重要。不論你做甚麼工作，正念幫助你走向正命、活得更喜悅、快樂、慈悲和瞭解。如果我們的工作方式足以鼓勵這樣的思想和行爲，我們自己、後代子孫、以及整個地球將會有美好的未來。

6

三十種工作減壓法

1 以十分鐘靜坐開始新的一天。

2 提醒自己感恩仍然活著，眼前有全新的二十四小時。

3 花點時間在家裡吃早餐，坐下來享受早餐。

4 每天結束之前寫下整天發生過的所有美好事情，時常灌溉你的喜悅和感恩，以滋養它們。

5 工作時走樓梯取代用電梯，並以正念走路，每一步都配合呼吸。

6 利用等候巴士或火車的時間作爲修習靜坐或正念步行的機會，跟著你的呼吸，享受無處要去及無事可做的時刻。

7 在車上、上班途中或休息時段，把手機關掉。

8 上下班或前往會面的途中，拒絕回覆電話的衝動，容許自己在這段時間與自己、與自然、與周遭世界在一起。

9 利用紅燈或交通壅塞作爲正念之鐘，邀請自己停止思想，慢下來，在當下休息一會。

10 駕駛時，覺察身體有沒有任何緊張，或任何厭煩、憤怒或挫敗的感受。嘗試回到身體並呼吸放鬆，放鬆肩膀、臉部、上下顎。別嘗試改變呼吸，就只是隨著呼吸。

11 在工作處騰出一個呼吸的地方，在那裡你能夠停下來休息。如果不容許有一處特定地方，你可以在桌子的一角擺放花朵和一個小鐘。每當感到有壓力，你可以敲鐘。不時給自己呼吸和休息的空間，回到身體，讓思緒回到當下。

12 可在你的電腦下載「正念鐘聲」程式，每十五分鐘響一下，提示你呼吸，也可趁此伸展一下身體，釋放緊張。可在此網址下載鐘聲：www.mindfulnessdc.org/mindfulclock.html

13 電話響起時，不用急著接聽，請先呼吸三次，你為來電者而在。

你可以把手放在聽筒上，讓同事知道你打算接聽電話，只是不急著接聽。

14 養成每天做五至十分鐘深度放鬆的習慣，你可以在辦公室的一角或工作地點的安靜區域躺下來練習，或在有陽光的日子到公園練習。掃描身體，放鬆身體的所有肌肉，送愛給所有的器官，感激它們爲你整天工作。不需要很長時間便能恢復精力。修習後你會感到更清新、更平和，恢復精力。這對工作有益。

15 午餐時就只是吃食物，別吃進你的恐懼或擔憂。

16 餐後洗碗，或休息喝咖啡後洗杯子時，只專注於洗碗或洗杯的動作上。你可以念誦洗碗的偈頌，或念誦你自己寫的「偈頌」。將注意力放到那溫暖的肥皀水中，享受雙手在水中，享受洗碗洗杯的動作。靜靜地洗，別說話，全心全意做你所做的事，容許自己享受這短暫的休息時間，不用說話或做任何事。可以讓你的家人或同事知道，在這段時間你不想被打擾。可以請他們也這麼洗碗。享受當下，享受洗碗，就單純地洗碗。

17 喝茶時，視之爲一種儀式：停下工作，深入觀察你的茶，看見製成茶的每一樣東西：雲、雨、茶樹和採茶工人。

18 培養感恩心，欣賞茶中包含的所有愛和辛勞的工作，將這杯茶帶到你的面前。品嚐此刻，好好享受你的茶。

19 每週一天把車子留在家裡，搭乘公共交通工具，或騎自行車上班。享受乘坐巴士，或享受騎自行車時微風拂臉，感受身體的壯健，感恩有如此健康的身體。

20 嘗試別分開「我的時間」與「工作時間」，所有時間都能夠成爲你的時間，如果你能活於當下且觸及身心所發生的事，沒理由工作的時候要比做其他時間不那麼愉悅。

21 改變你的工作環境，創造出平靜的時間、空間，並與人通力合作，有意識地建立工作團隊，令工作環境變得更平和、更喜悅。

22 參加會議之前，觀想某個非常平和、正念、善巧的人與你一同前往，你有他的庇佑。縱使只是想像，也可以幫助你在會議中保持平靜與平和。

23 如果在會議中生起強烈情緒，可以休息一會，去洗手間時進行正念步行，享受你在洗手間的時間。記得上洗手間的重要性不比工作低。

24 如果在工作中生起憤怒或厭煩，不要說任何話或做任何事，回到你的呼吸上，跟隨你的出入息，直到平靜下來。行禪很有用。覺知你的感受並說道：「嗨！我的憤怒，我的厭煩，我知道你在這裡，我會好好照顧你。」

25 修習視你的上司、主管、同事和下屬爲自己的盟友而非敵人，覺知到同心協力工作比單獨工作能帶來更大滿足和喜悅。盡可能以小組形式來工作，知道每個人的成功與快樂就是自己的成功與快樂。

26 回家前放鬆及重整自己，這樣你就不會把積聚的負能量或挫敗帶回家中。從公車站或從停車地方走回家時修習行禪。做家務前先花點時間放鬆自己，回到自身。覺知到一心多用就永遠不能完全專注於做一件事。每次只做一件事且全神貫注地做。修習一心一用。

27 別在進食時工作或說話，只做其中一件事，全心全意爲自己，爲你的同事，爲你的工作而在。

28 別在辦公桌吃午餐。改變環境，外出散步。

29 發掘工作和同事的正面特質，時常就這些正面特質和美善行爲，向他們表示感恩和欣賞，這樣做能轉化整個工作環境，令工作環境更加和諧，使每個人更愉悅。

30 在工作地方組織一個禪修小組，每星期一起靜坐幾次，或者參加本地的共修團體。

梅村簡介

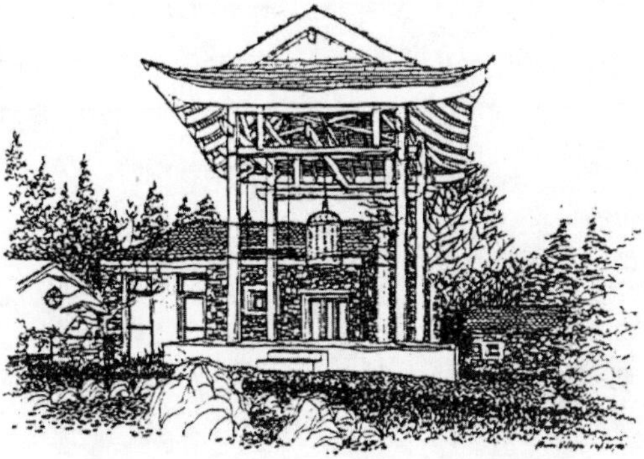

梅村位於法國西南部，是一行禪師於一九八二年創立的修習中心。其後，禪師亦在美國、德國及亞洲等地設立禪修中心，歡迎個人或家庭來參加一天或更長時間的正念修習。如欲查詢或報名，請聯絡各中心：

Plum Village

13 Martineau
33580 Dieulivol
France
Tel: (33) 5 56 61 66 88
info@plumvillage.org

Deer Park Monastery

2499 Melru Lane
Escondido, CA 92026
USA
Tel: (1) 760 291-1003
deerpark@plumvillage.org
www.deerparkmonastery.org

Blue Cliff Monastery

3 Hotel Road
Pine Bush, NY 12566
USA
Tel: (1) 845 733-4959
www.bluecliffmonastery.org

European Institute of Applied Buddhism

Schaumburgweg 3,
D-51545 Waldbröl,
Germany
Tel: +49 (0) 2291 907 1373
www.eiab.eu

The Mindfulness Bell（正念鐘聲）這本雜誌由梅村一年發行三次，報導一行禪師所教導的正念生活之藝術。

欲訂閱或查詢全球僧團活動資訊，請至網站：www.mindfulnessbell.org

橡樹林文化 ❖❖ 善知識系列 ❖❖ 書目

JB0001	狂喜之後	傑克・康菲爾德◎著	380元
JB0002	抉擇未來	達賴喇嘛◎著	250元
JB0003	佛性的遊戲	舒亞・達斯喇嘛◎著	300元
JB0004	東方大日	邱陽・創巴仁波切◎著	300元
JB0005	幸福的修煉	達賴喇嘛◎著	230元
JB0006	與生命相約	一行禪師◎著	240元
JB0007	森林中的法語	阿姜查◎著	320元
JB0008	重讀釋迦牟尼	陳兵◎著	320元
JB0009	你可以不生氣	一行禪師◎著	230元
JB0010	禪修地圖	達賴喇嘛◎著	280元
JB0011	你可以不怕死	一行禪師◎著	250元
JB0012	平靜的第一堂課——觀呼吸	德寶法師 ◎著	260元
JB0013	正念的奇蹟	一行禪師◎著	220元
JB0014	觀照的奇蹟	一行禪師◎著	220元
JB0015	阿姜查的禪修世界——戒	阿姜查◎著	220元
JB0016	阿姜查的禪修世界——定	阿姜查◎著	250元
JB0017	阿姜查的禪修世界——慧	阿姜查◎著	230元
JB0018X	遠離四種執著	究給・企千仁波切◎著	280元
JB0019	禪者的初心	鈴木俊隆◎著	220元
JB0020X	心的導引	薩姜・米龐仁波切◎著	240元
JB0021X	佛陀的聖弟子傳 1	向智長老◎著	240元
JB0022	佛陀的聖弟子傳 2	向智長老◎著	200元
JB0023	佛陀的聖弟子傳 3	向智長老◎著	200元
JB0024	佛陀的聖弟子傳 4	向智長老◎著	260元
JB0025	正念的四個練習	喜戒禪師◎著	260元
JB0026	遇見藥師佛	堪千創古仁波切◎著	270元
JB0027	見佛殺佛	一行禪師◎著	220元
JB0028	無常	阿姜查◎著	220元
JB0029	覺悟勇士	邱陽・創巴仁波切◎著	230元
JB0030	正念之道	向智長老◎著	280元

JB0031	師父——與阿姜查共處的歲月	保羅・布里特◎著	260元
JB0032	統御你的世界	薩姜・米龐仁波切◎著	240元
JB0033	親近釋迦牟尼佛	髻智比丘◎著	430元
JB0034	藏傳佛教的第一堂課	卡盧仁波切◎著	300元
JB0035	拙火之樂	圖敦・耶喜喇嘛◎著	280元
JB0036	心與科學的交會	亞瑟・札炯克◎著	330元
JB0037	你可以，愛	一行禪師◎著	220元
JB0038	專注力	B・艾倫・華勒士◎著	250元
JB0039	輪迴的故事	慈誠羅珠堪布◎著	270元
JB0040	成佛的藍圖	堪千創古仁波切◎著	270元
JB0041	事情並非總是如此	鈴木俊隆禪師◎著	240元
JB0042	祈禱的力量	一行禪師◎著	250元
JB0043	培養慈悲心	圖丹・卻准◎著	320元
JB0044	當光亮照破黑暗	達賴喇嘛◎著	300元
JB0045	覺照在當下	優婆夷　紀・那那蓉◎著	300元
JB0046	大手印暨觀音儀軌修法	卡盧仁波切◎著	340元
JB0047X	蔣貢康楚閉關手冊	蔣貢康楚羅卓泰耶◎著	260元
JB0048	開始學習禪修	凱薩琳・麥唐諾◎著	300元
JB0049	我可以這樣改變人生	堪布慈囊仁波切◎著	250元
JB0050	不生氣的生活	W. 伐札梅諦◎著	250元
JB0051	智慧明光：《心經》	堪布慈囊仁波切◎著	250元
JB0052	一心走路	一行禪師◎著	280元
JB0054	觀世音菩薩妙明教示	堪布慈囊仁波切◎著	350元
JB0055	世界心精華寶	貝瑪仁增仁波切◎著	280元
JB0056	到達心靈的彼岸	堪千・阿貝仁波切◎著	220元
JB0057	慈心禪	慈濟瓦法師◎著	230元
JB0058	慈悲與智見	達賴喇嘛◎著	320元
JB0059	親愛的喇嘛梭巴	喇嘛梭巴仁波切◎著	320元
JB0060	轉心	蔣康祖古仁波切◎著	260元
JB0061	遇見上師之後	詹杜固仁波切◎著	320元
JB0062	白話《菩提道次第廣論》	宗喀巴大師◎著	500元
JB0063	離死之心	竹慶本樂仁波切◎著	400元
JB0064	生命真正的力量	一行禪師◎著	280元

JB0065	夢瑜伽與自然光的修習	南開諾布仁波切◎著	280 元
JB0066	實證佛教導論	呂真觀◎著	500 元
JB0067	最勇敢的女性菩薩——綠度母	堪布慈囊仁波切◎著	350 元
JB0068	建設淨土——《阿彌陀經》禪解	一行禪師◎著	240 元
JB0069	接觸大地—與佛陀的親密對話	一行禪師◎著	220 元
JB0070	安住於清淨自性中	達賴喇嘛◎著	480 元
JB0071/72	菩薩行的祕密【上下冊】	佛子希瓦拉◎著	799 元
JB0073	穿越六道輪迴之旅	德洛達娃多瑪◎著	280 元
JB0074	突破修道上的唯物	邱陽・創巴仁波切◎著	320 元
JB0075	生死的幻覺	白瑪格桑仁波切◎著	380 元
JB0076	如何修觀音	堪布慈囊仁波切◎著	260 元
JB0077	死亡的藝術	波卡仁波切◎著	250 元
JB0078	見之道	根松仁波切◎著	330 元
JB0079	彩虹丹青	祖古・烏金仁波切◎著	340 元
JB0080	我的極樂大願	卓千拉貢仁波切◎著	260 元
JB0081	再捻佛語妙花	祖古・烏金仁波切◎著	250 元
JB0082	進入禪定的第一堂課	德寶法師◎著	300 元
JB0083	藏傳密續的真相	圖敦・耶喜喇嘛◎著	300 元
JB0084	鮮活的覺性	堪千創古仁波切◎著	350 元
JB0085	本智光照	遍智　吉美林巴◎著	380 元
JB0086	普賢王如來祈願文	竹慶本樂仁波切◎著	320 元
JB0087	禪林風雨	果煜法師◎著	360 元
JB0088	不依執修之佛果	敦珠林巴◎著	320 元
JB0089	本智光照—功德寶藏論　密宗分講記	遍智　吉美林巴◎著	340 元
JB0090	三主要道論	堪布慈囊仁波切◎講解	280 元
JB0091	千手千眼觀音齋戒—紐涅的修持法	汪遷仁波切◎著	400 元
JB0092	回到家，我看見真心	一行禪師◎著	220 元
JB0093	愛對了	一行禪師◎著	260 元
JB0094	追求幸福的開始：薩迦法王教你如何修行	尊勝的薩迦法王◎著	300 元
JB0095	次第花開	希阿榮博堪布◎著	350 元
JB0096	楞嚴貫心	果煜法師◎著	380 元
JB0097	心安了，路就開了： 讓《佛說四十二章經》成為你人生的指引	釋悟因◎著	320 元

JB0098	修行不入迷宮	札丘傑仁波切◎著	320 元
JB0099	看自己的心，比看電影精彩	圖敦・耶喜喇嘛◎著	280 元
JB0100	自性光明——法界寶庫論	大遍智　龍欽巴尊者◎著	450 元
JB0101	穿透《心經》：原來，你以為的只是假象	柳道成法師◎著	380 元
JB0102	直顯心之奧秘：大圓滿無二性的殊勝口訣	祖古貝瑪・里沙仁波切◎著	500 元
JB0103	一行禪師講《金剛經》	一行禪師◎著	320 元
JB0104	金錢與權力能帶給你甚麼？ 一行禪師談生命真正的快樂	一行禪師◎著	300 元
JB0105	一行禪師談正念工作的奇蹟	一行禪師◎著	280 元
JB0107	覺悟者的臨終贈言：《定日百法》	帕當巴桑傑大師◎著 堪布慈囊仁波切◎講述	300 元
JB0108	放過自己：揭開我執的騙局，找回心的自在	圖敦・耶喜喇嘛◎著	280 元

橡樹林文化 ❖❖ 成就者傳紀系列 ❖❖ 書目

JS0001	惹瓊巴傳	堪千創古仁波切◎著	260 元
JS0002	曼達拉娃佛母傳	喇嘛卻南、桑傑・康卓◎英譯	350 元
JS0003	伊喜・措嘉佛母傳	嘉華・蔣秋、南開・寧波◎伏藏書錄	400 元
JS0004	無畏金剛智光：怙主敦珠仁波切的生平與傳奇	堪布才旺・董嘉仁波切◎著	400 元
JS0005	珍稀寶庫——薩迦總巴創派宗師貢嘎南嘉傳	嘉敦・強秋旺嘉◎著	350 元
JS0006	帝洛巴傳	堪千創古仁波切◎著	260 元
JS0007	南懷瑾的最後 100 天	王國平◎著	380 元
JS0008	偉大的不丹傳奇・五大伏藏王之一 貝瑪林巴之生平與伏藏教法	貝瑪林巴◎取藏	450 元

橡樹林文化 ❖❖ 圖解佛學系列 ❖❖ 書目

JL0001	圖解西藏生死書	張宏實◎著	420 元
JL0002	圖解佛教八識	洪朝吉◎著	260 元

橡樹林文化 ❖❖ 衆生系列 ❖❖ 書目

JP0001	大寶法王傳奇	何謹◎著	200 元
JP0002X	當和尚遇到鑽石（增訂版）	麥可・羅區格西◎著	360 元
JP0003X	尋找上師	陳念萱◎著	200 元
JP0004	祈福 DIY	蔡春娉◎著	250 元
JP0006	遇見巴伽活佛	溫普林◎著	280 元
JP0009	當吉他手遇見禪	菲利浦・利夫・須藤◎著	220 元
JP0010	當牛仔褲遇見佛陀	蘇密・隆敦◎著	250 元
JP0011	心念的賽局	約瑟夫・帕蘭特◎著	250 元
JP0012	佛陀的女兒	艾美・史密特◎著	220 元
JP0013	師父笑呵呵	麻生佳花◎著	220 元
JP0014	菜鳥沙彌變高僧	盛宗永興◎著	220 元
JP0015	不要綁架自己	雪倫・薩爾茲堡◎著	240 元
JP0016	佛法帶著走	佛朗茲・梅蓋弗◎著	220 元
JP0018C	西藏心瑜伽	麥可・羅區格西◎著	250 元
JP0019	五智喇嘛彌伴傳奇	亞歷珊卓・大衛一尼爾◎著	280 元
JP0020	禪　兩刃相交	林谷芳◎著	260 元
JP0021	正念瑜伽	法蘭克・裘德・巴奇歐◎著	399 元
JP0022	原諒的禪修	傑克・康菲爾德◎著	250 元
JP0023	佛經語言初探	竺家寧◎著	280 元
JP0024	達賴喇嘛禪思 365	達賴喇嘛◎著	330 元
JP0025	佛教一本通	蓋瑞・賈許◎著	499 元
JP0026	星際大戰・佛部曲	馬修・波特林◎著	250 元
JP0027	全然接受這樣的我	塔拉・布萊克◎著	330 元
JP0028	寫給媽媽的佛法書	莎拉・娜塔莉◎著	300 元
JP0029	史上最大佛教護法一阿育王傳	德千汪莫◎著	230 元
JP0030	我想知道甚麼是佛法	圖丹・卻淮◎著	280 元
JP0031	優雅的離去	蘇希拉・布萊克曼◎著	240 元
JP0032	另一種關係	滿亞法師◎著	250 元
JP0033	當禪師變成企業主	馬可・雷瑟◎著	320 元
JP0034	智慧 81	偉恩・戴爾博士◎著	380 元

JP0035	覺悟之眼看起落人生	金菩提禪師◎著	260 元
JP0036	貓咪塔羅算自己	陳念萱◎著	520 元
JP0037	聲音的治療力量	詹姆斯．唐傑婁◎著	280 元
JP0038	手術刀與靈魂	艾倫．翰彌頓◎著	320 元
JP0039	作為上師的妻子	黛安娜．J．木克坡◎著	450 元
JP0040	狐狸與白兔道晚安之處	庫特．約斯特勒◎著	280 元
JP0041	從心靈到細胞的療癒	喬思．慧麗．赫克◎著	260 元
JP0042	27% 的獲利奇蹟	蓋瑞．賀許伯格◎著	320 元
JP0043	你用對專注力了嗎？	萊斯．斐米博士◎著	280 元
JP0044	我心是金佛	大行大禪師◎著	280 元
JP0045	當和尚遇到鑽石 2	麥可．羅區格西◎等著	280 元
JP0046	雪域求法記	邢肅芝（洛桑珍珠）◎口述	420 元
JP0047	你的心是否也住著一隻黑狗？	馬修．約翰史東◎著	260 元
JP0048	西藏禪修書	克莉絲蒂．麥娜麗喇嘛◎著	300 元
JP0049	西藏心瑜伽 2	克莉絲蒂．麥娜麗喇嘛◎等著	300 元
JP0050	創作，是心靈療癒的旅程	茱莉亞．卡麥隆◎著	350 元
JP0051	擁抱黑狗	馬修．約翰史東◎著	280 元
JP0052	還在找藉口嗎？	偉恩．戴爾博士◎著	320 元
JP0053	愛情的吸引力法則	艾莉兒．福特◎著	280 元
JP0054	幸福的雪域宅男	原人◎著	350 元
JP0055	貓馬麻	阿義◎著	350 元
JP0056	看不見的人	中沢新一◎著	300 元
JP0057	內觀瑜伽	莎拉．鮑爾斯◎著	380 元
JP0058	29 個禮物	卡蜜．沃克◎著	300 元
JP0059	花仙療癒占卜卡	張元貞◎著	799 元
JP0060	與靈共存	詹姆斯．范普拉◎著	300 元
JP0061	我的巧克力人生	吳佩容◎著	300 元
JP0062	這樣玩，讓孩子更專注、更靈性	蘇珊．凱瑟．葛凌蘭◎著	350 元
JP0063	達賴喇嘛送給父母的幸福教養書	安娜．芭蓓蔻爾．史蒂文．李斯◎著	280 元
JP0064	我還沒準備說再見	布蕾克．諾爾＆帕蜜拉．D．布萊爾◎著	380 元
JP0065	記憶人人 hold 得住	喬許．佛爾◎著	360 元
JP0066	菩曼仁波切	林建成◎著	320 元
JP0067	下面那裡怎麼了？	莉莎．瑞金◎著	400 元

JP0068	極密聖境・仰桑貝瑪貴	邱常梵◎著	450 元
JP0069	停心	釋心道◎著	380 元
JP0070	聞盡	釋心道◎著	380 元
JP0071	如果你對現況感到倦怠……	威廉・懷克羅◎著	300 元
JP0072	希望之翼：倖存的奇蹟，以及雨林與我的故事	茱莉安・柯普科◎著	380 元
JP0073	我的人生療癒旅程	鄧嚴◎著	260 元
JP0074	因果，怎麼一回事？	釋見介◎著	240 元
JP0075	皮克斯動畫師之紙上動畫《羅摩衍那》	桑傑・帕特爾◎著	720 元
JP0076	寫，就對了！	茱莉亞・卡麥隆◎著	380 元
JP0077	願力的財富	釋心道◎著	380 元
JP0078	當佛陀走進酒吧	羅卓・林茲勒◎著	350 元
JP0079	人聲，奇蹟的治癒力	伊凡・德・布奧恩◎著	380 元
JP0080	當和尚遇到鑽石 3	麥可・羅區格西◎著	400 元
JP0081	AKASH 阿喀許靜心 100	AKASH 阿喀許◎著	400 元
JP0082	世上是不是有神仙：生命與疾病的真相	樊馨蔓◎著	300 元
JP0083	生命不僅僅如此—辟穀記（上）	樊馨蔓◎著	320 元
JP0084	生命可以如此—辟穀記（下）	樊馨蔓◎著	420 元
JP0085	讓情緒自由	茱迪斯・歐洛芙◎著	420 元
JP0086	別癌無恙	李九如◎著	360 元
JP0087	甚麼樣的業力輪迴，造就現在的你	芭芭拉・馬丁＆狄米崔・莫瑞提斯◎著	420 元
JP0088	我也有聰明數學腦：15 堂課激發被隱藏的競爭力	盧采嫻◎著	280 元
JP0089	與動物朋友心傳心	羅西娜・瑪利亞・阿爾克蒂◎著	320 元
JP0090	法國清新舒壓著色畫 50：繽紛花園	伊莎貝爾・熱志－梅納＆紀絲蘭・史朵哈＆克萊兒・摩荷爾－法帝歐◎著	350 元
JP0091	法國清新舒壓著色畫 50：療癒曼陀羅	伊莎貝爾・熱志－梅納＆紀絲蘭・史朵哈＆克萊兒・摩荷爾－法帝歐◎著	350 元
JP0092	風是我的母親	熊心、茉莉・拉肯◎著	350 元
JP0093	法國清新舒壓著色畫 50：幸福懷舊	伊莎貝爾・熱志－梅納＆紀絲蘭・史朵哈＆克萊兒・摩荷爾－法帝歐◎著	350 元
JP0094	走過倉央嘉措的傳奇：尋訪六世達賴喇嘛的童年和晚年，解開情詩活佛的生死之謎	邱常梵◎著	450 元
JP0095	【當和尚遇到鑽石 4】愛的業力法則：西藏的古老智慧，讓愛情心想事成	麥可・羅區格西◎著	450 元

JP0096	媽媽的公主病： 活在母親陰影中的女兒，如何走出自我？	凱莉爾・麥克布萊德博士◎著	380元
JP0097	法國清新舒壓著色畫50：璀璨伊斯蘭	伊莎貝爾・熱志－梅納＆紀絲蘭・史朵哈＆克萊兒・摩荷爾－法帝歐◎著	350元
JP0098	最美好的都在此刻：53個創意、幽默、找回微笑生活的正念練習	珍・邱禪・貝斯醫生◎著	350元
JP0099	愛，從呼吸開始吧！ 回到當下、讓心輕安的禪修之道	釋果峻◎著	300元
JP0100	能量曼陀羅：彩繪內在寧靜小宇宙	保羅・霍伊斯坦、狄蒂・羅恩◎著	380元
JP0101	爸媽何必太正經！ 幽默溝通，讓孩子正向、積極、有力量	南琦◎著	300元
JP0102	舍利子，是甚麼？	洪宏◎著	320元
JP0103	我隨上師轉山：蓮師聖地溯源朝聖	邱常梵◎著	460元
JP0104	光之手：人體能量場療癒全書	芭芭拉・安・布藍能◎著	899元
JP0105	在悲傷中還有光： 失去珍愛的人事物，找回重新連結的希望	尾角光美◎著	300元
JP0106	法國清新舒壓著色畫45：海底嘉年華	小姐們◎著	360元
JP0108	用「自主學習」來翻轉教育！ 沒有課表、沒有分數的瑟谷學校	丹尼爾・格林伯格◎著	300元
JP0109	Soppy 愛賴在一起	菲莉帕・賴斯◎著	300元
JP0110	我嫁到不丹的幸福生活	琳達・黎明◎著	350元
JP0112	戀瑜伽・愛素食：覺醒，從愛與不傷害開始	莎朗・嘉儂◎著	320元

橡樹林文化 ❖❖ 蓮師文集系列 ❖❖ 書目

JA0001	空行法教	伊喜・措嘉佛母輯錄付藏	260元
JA0002	蓮師傳	伊喜・措嘉記錄撰寫	380元
JA0003	蓮師心要建言	艾瑞克・貝瑪・昆桑◎藏譯英	350元
JA0004	白蓮花	蔣貢米龐仁波切◎著	260元
JA0005	松嶺寶藏	蓮花生大士◎著	330元
JA0006	自然解脫	蓮花生大士◎著	400元
JA0007/8	智慧之光 1/2	根本文◎蓮花生大士／釋論◎蔣貢・康楚	799元

善知識系列 JB0105

一行禪師談正念工作的奇蹟

Work: How to Find Joy and Meaning in Each Hour of the Day

作　　者／一行禪師
譯　　者／張仕娟
責任編輯／廖于瑄
業　　務／顏宏紋

總 編 輯／張嘉芳
出　　版／橡樹林文化
城邦文化事業股份有限公司
104 台北市民生東路二段 141 號 5 樓
電話：(02)2500-7696　傳真：(02)2500-1951
發　　行／英屬蓋曼群島商家庭傳媒股份有限公司城邦分公司
104 台北市中山區民生東路二段 141 號 5 樓
客服服務專線：(02)25007718；25001991
24 小時傳真專線：(02)25001990；25001991
服務時間：週一至週五上午 09:30 ～ 12:00；下午 13:30 ～ 17:00
劃撥帳號：19863813　戶名：書虫股份有限公司
讀者服務信箱：service@readingclub.com.tw
香港發行所／城邦（香港）出版集團有限公司
香港灣仔駱克道 193 號東超商業中心 1 樓
電話：(852)25086231　傳真：(852)25789337
Email：hkcite@biznetvigator.com
馬新發行所／城邦（馬新）出版集團 Cité (M) Sdn Bhd
41, Jalan Radin Anum, Bandar Baru Sri Petaling,
57000 Kuala Lumpur, Malaysia.
電話：(603) 90563833　傳真：(603) 90576622
Email：services@cite.my

封面設計／張家銘 ROOFTOP FACTORY ／ rooftop.chang@msa.hinet.net
內文排版／歐陽碧智
印　　刷／中原造像股份有限公司

一版一刷／ 2016 年 4 月
一版五刷／ 2023 年 1 月
ISBN ／ 978-986-5613-11-2
定價／ 280 元

城邦讀書花園
www.cite.com.tw

國家圖書館出版品預行編目（CIP）資料

一行禪師談正念工作的奇蹟／一行禪師著，張仕娟譯．-- 一版．-- 臺北市：橡樹林文化，城邦文化出版：家庭傳媒城邦分公司發行，2016.04
面：　公分．--（善知識：JB0105）
譯自：Work : how to find joy and meaning in each hour of the day
ISBN 978-986-5613-11-2（平裝）

1. 佛教修持　2. 生活指導

225.87　　105001371

廣　告　回　函
北區郵政管理局登記證
北 台 字 第 10158 號
郵資已付　免貼郵票

104 台北市中山區民生東路二段 141 號 5 樓

城邦文化事業股份有限公司

橡樹林出版事業部　收

請沿虛線剪下對折裝訂寄回，謝謝！

|橡|樹|林|

書名：一行禪師談正念工作的奇蹟　書號：JB0105

橡樹林文化
讀者回函卡

感謝您對橡樹林出版社之支持，請將您的建議提供給我們參考與改進；請別忘了給我們一些鼓勵，我們會更加努力，出版好書與您結緣。

姓名：＿＿＿＿＿＿＿＿ □女 □男 生日：西元＿＿＿＿＿年

Email：＿＿＿＿＿＿＿＿＿＿＿＿＿＿＿＿

●您從何處知道此書？

□書店 □書訊 □書評 □報紙 □廣播 □網路 □廣告 DM

□親友介紹 □橡樹林電子報 □其他＿＿＿＿＿＿

●您以何種方式購買本書？

□誠品書店 □誠品網路書店 □金石堂書店 □金石堂網路書店

□博客來網路書店 □其他＿＿＿＿＿＿

●您希望我們未來出版哪一種主題的書？（可複選）

□佛法生活應用 □教理 □實修法門介紹 □大師開示 □大師傳記

□佛教圖解百科 □其他＿＿＿＿＿＿

●您對本書的建議：

＿＿＿＿＿＿＿＿＿＿＿＿＿＿＿＿

＿＿＿＿＿＿＿＿＿＿＿＿＿＿＿＿

＿＿＿＿＿＿＿＿＿＿＿＿＿＿＿＿

非常感謝您提供基本資料，基於行銷及客戶管理或其他合於營業登記項目或章程所定業務需要之目的，家庭傳媒集團（即英屬蓋曼群商家庭傳媒股份有限公司城邦分公司、城邦文化事業股份有限公司、書虫股份有限公司、墨刻出版股份有限公司、城邦原創股份有限公司）於本集團之營運期間及地區內，將不定期以MAIL訊息發送方式，利用您的個人資料於提供讀者產品相關之消費與活動訊息，如您有依照個資法第三條或其他需服務之務，得致電本公司客服。

我已經完全了解左述內容，並同意本人資料依上述範圍內使用。

＿＿＿＿＿＿＿＿＿＿（簽名）

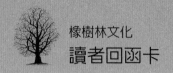

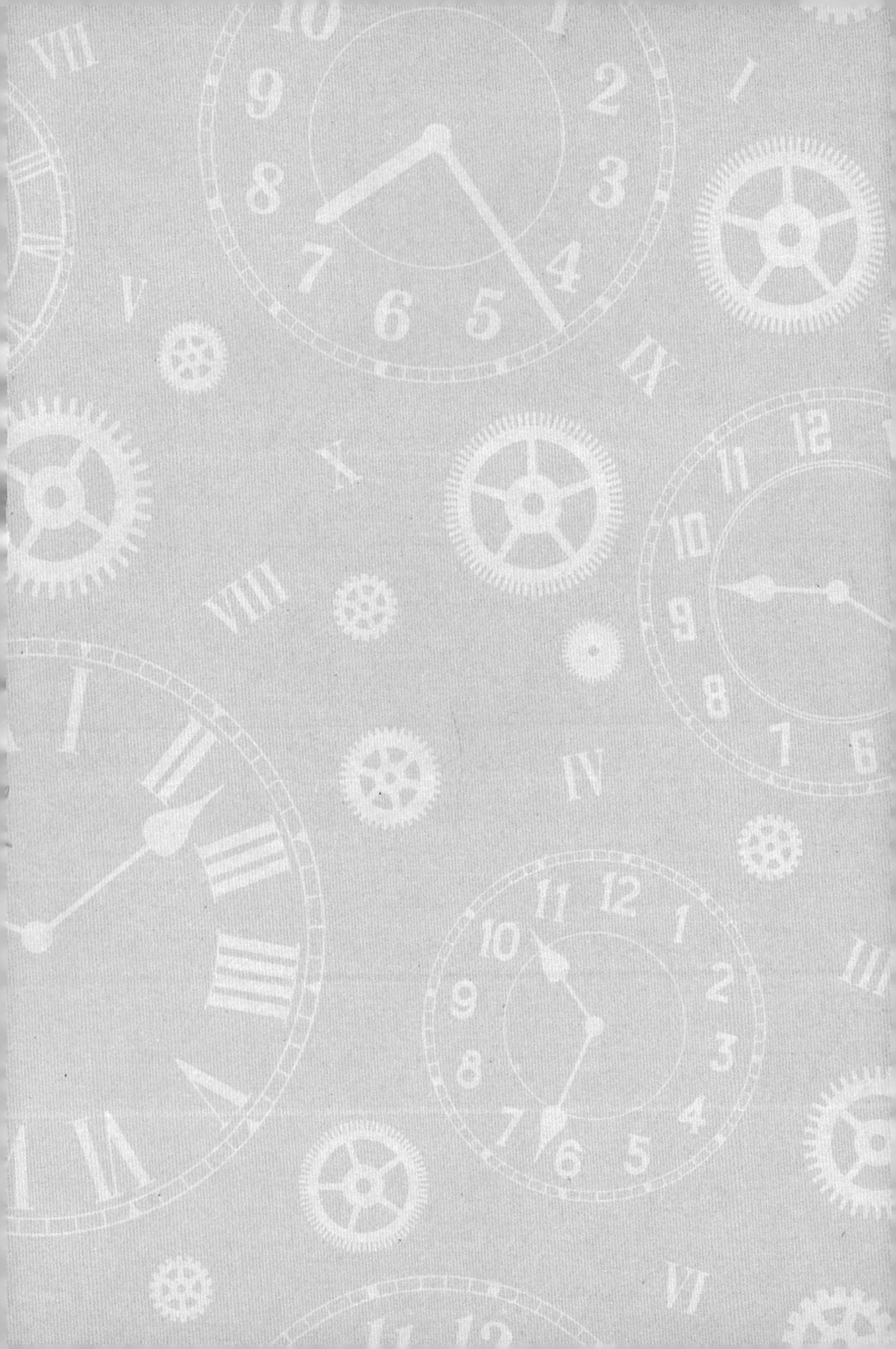